PLANETA TUDO

PLANETA TUDO

Esther Gerritsen

tradução
Ivam Cabral e Rodolfo García Vázquez

consultoria de tradução
Mariângela Guimarães

Cobogó

COLEÇÃO
DRAMA-
TURGIA
HOLANDESA

Sumário

Sobre a tradução,
por Ivam Cabral e Rodolfo García Vásquez — 7

PLANETA TUDO — 13

Sobre a Coleção Dramaturgia Holandesa,
por Isabel Diegues — 111

Sob as lentes da internacionalização de
dramaturgias: Países Baixos em foco,
por Márcia Dias — 117

Criando laços entre Brasil e Holanda,
por Anja Krans — 123

Núcleo dos Festivais: Colecionar,
um verbo que se conjuga junto,
por Núcleo dos Festivais Internacionais
de Artes Cênicas do Brasil — 125

Sobre a tradução

Este trabalho tem um gosto especial. É a primeira vez que nos debruçamos sobre uma tradução que não tem, de saída, o nosso olhar de produtores de teatro. Antes desta empreitada, sempre que nos aproximávamos de um texto para tradução, era para montá-lo. Foi assim com Dea Loher, Bernard-Marie Koltès e Fernando Arrabal, entre outros.

Mas esse "gosto especial" foi porque o convite chegou através da gestora e curadora Márcia Dias, idealizadora do projeto Internacionalização de Dramaturgias e uma das diretoras do Tempo Festival, hoje um dos mais importantes festivais de teatro do Brasil.

Em nossos trabalhos no Satyros, nossa companhia de teatro, a ideia de ações em redes sempre foi priorizada. Tem sido assim há anos. No Satyros, já atuamos em quase quarenta países. Da África, da Europa, da Ásia e das América do Sul, Central e do Norte. E, curioso também nessa travessia, é que os nossos trajetos sempre foram cumpridos em coletivo, com elencos muito grandes. A título de curiosidade, nossa última rota teve como ponto final a China, com o espetáculo "Cabaret Fucô", em 2019, com um elenco de 19 atores, mais equipe técnica. Como podem ver, gostamos de grandes desafios. E de gente, sobretudo.

No entanto, quando o convite chegou, tínhamos muitos problemas de agenda. E se não gostássemos tanto de intersecções — e de desafios e de provocações e de instigações —, teríamos declinado. Mas a possibilidade de estarmos juntos nessa rede tão pujante, na terceira edição de um projeto tão potente, falou mais alto e não podíamos ficar de fora.

Foi então que surgiu a parte mais incitante da história: o projeto era sobre a dramaturgia holandesa e nossas traduções surgiriam a partir de textos que já haviam sido vertidos para outras línguas, uma vez que não tínhamos domínio do holandês. Se era dificuldade que procurávamos, pronto! Todos os motivos nos levaram a mergulhar, sem rede de proteção, nessa aventura, tão apaixonante quanto instigante.

Acertados, nos coube trabalhar com a obra da potente romancista, dramaturga e roteirista Esther Gerritsen e seu texto *Planeet Alles*, a partir da tradução alemã de Eva Maria Pieper. *Planeta Tudo*, como traduzimos, estreou em 2002 em Amsterdã, mas parece que foi escrita ontem, tamanha a intencionalidade da autora em colorir um mundo que é, primeiro, tão distante mas, ao mesmo tempo, tão próximo do nosso.

Em geral, um tradutor, em um processo que atua primeiro na alteridade, mostra o olhar de alguém distante para um outro que, por razões diversas, não pode compreender aquilo que lhe é mostrado. Como bom intermediador e em um ato parecido com a compaixão, ele poderá, dentre tantas maneiras, emprestar seu olhar para o seu interlocutor. Esta talvez seja a maior beleza do processo de elaboração da tradução de um texto.

Neste em particular, tentamos criar outras vias que vão além dos procedimentos canônicos de "domesticação" — expediente de tradução que dissolve idiossincrasias culturais e linguísticas, adaptando o material totalmente à cultura de chegada, no caso, o português — ou de "estrangeirização" — que preserva, em certo sentido, as singularidades idiomáticas da cultura de partida. Buscamos, assim, uma tradução ativa, propositiva e crítica, pois o volume da cultura globalizada se expande em eixos que transcendem os planos lexical e sintático, e nosso papel, como tradutores, seria construir esses acessos.

Desse modo, também, o mundo pode ficar mais leve. Porque entendemos, nesse jogo de olhares que se cruzam, que nossas extensões, afinal, só são bonitas mesmo quando entendemos que não podemos possuir tudo o que ele nos é capaz de revelar apenas através de uma primeira impressão. Então a tradução ganha cores porque cada um, a partir da visão daquele que imprimiu uma das possibilidades, poderá ver, em dimensões cada vez mais expandidas, tudo o que faltava em seu mundo de primeiras impressões.

Uma tradução também pode ser definida como uma maneira de interpretar, compreender e até avaliar o mundo de um ou de vários pontos de vista. E neste caso, o de um texto teatral — e em um sentido também expandido —, representar além de impressões.

Porque a tradução como interpretação pode explicar o mundo, pode delimitar a história. Ou as histórias todas. E, dessa forma, modificar tudo. Porque a história não é definitiva, ela pode — e deve! — ser dinâmica. E não apenas por conta de reparações que precisam, com urgência, ser repensadas. Pois traduzir também significa reconhecer escolhas de coisas que acreditamos e também de coisas das quais duvidamos ou que possam vir de elaborações a partir do que lemos, vimos, vivenciamos e — por que não? — ouvimos falar.

Para Freud, a memória é enganadora e o sonho, a realização de desejo. Afinal, as memórias são seletivas e, se as emoções são atemporais, não é verdade que o passado explica o presente. Sem tradução, em processo de elaboração, não teremos elementos que poderão explicar a causa ou a verdade ou a inconsequência ou a mentira das coisas. Tudo é linguagem e o imaginário, que é também o lugar dos sonhos, pode ser visto no mundo que conseguimos ver, naquele que conseguimos traduzir.

Nós somos nosso próprio mundo e é esse mundo que nós vemos. E nossa realidade será sempre uma extensão do que conseguimos extrair do mundo. E isso, evidentemente, também interferirá na tradução que temos dos nossos próprios mundos.

Não respondemos diretamente às demandas de nossa consciência, mas sempre por meio da manifestação de nossos desejos e afetos. Por isso, e só por isso, cada tradução é única. Porque, também, não necessariamente o que é real para nós é real para você que nos lê agora.

Não é nada recente a investigação de que não existe uma versão da história que não mereça ser questionada. Também é óbvio não existirem explicações para as coisas que não merecem inquirições. Afinal, tudo pode simplesmente partir de uma ideia de tradução — ou de interpretação. O presente não necessariamente terá sua elaboração no futuro revelada em uma única ideia de mundo. Por isso, tradução também pode ser entendida como interpretação.

Delírios à parte, o que vale é o prazer que sentimos diante de uma experiência tão rica e especial. Com pessoas interessantes e curiosas, ávidas na construção de um mundo que não é simplesmente a de um mundo possível, nem tampouco habitável, na melhor acepção da palavra. Mas a construção de um mundo que poderá ser (re)construído a partir das nossas traduções e visões do que podemos apreender dele.

Em tempo: para este trabalho, contamos com o abraço generoso e carinhoso de uma amiga de anos, Mariângela Guimarães, que assumiu a visão de soslaio, aquela que é, ao mesmo tempo que instigante e desconfiada, fundamental para nos fazer ver além das perspectivas higiênicas e de possível ou rápida tradução.

Ivam Cabral e Rodolfo García Vázquez

PLANETA TUDO

de Esther Gerritsen

Personagens

PESSOA HUMANA (feminina)
SYLPIA
BAVO
JAN

0

Preparação para os hábitos e peculiaridades do modo de vida terrestre, nós carregamos conosco: objetos. Nós os carregamos em sacos nas costas. Os objetos são ligados a pessoas. Portanto, quando nos movemos de um lugar para outro e precisamos de certos objetos no lugar para onde estamos nos movendo, temos que arrastar esses objetos pessoais conosco. Também carregamos características conosco. As características, assim como os objetos, são pessoais. Quando nos movimentamos de um lugar para outro, não podemos deixar nossas características em casa e usar as características das pessoas que visitamos. Cumprimos nossa palavra de que as propriedades não podem ser facilmente alteradas ou emprestadas de pessoas sem maiores consequências.

Consideramos necessária a condição de possuir certas habilidades. Quando um grande grupo de pessoas não possui uma determinada habilidade, elas têm um nome. Não saber ler rapidamente é chamado: dislexia. Não poder ver é chamado: cegueira. Não poder sair de casa é denominado: agorafobia. Não poder mentir se chama: honestidade. Não poder escalar edifícios altos é chamado: medo de altura. Não poder cair é chamado: firmeza. Não poder estar por muito tempo com a mesma pessoa se chama: solidão. Não poder beber álcool todos os dias é chamado: sobriedade. Palavras que indicam aberrações. Uma das condições para uma chamada vida realizada é possuir o mínimo possível desses nomes.

Não ser capaz de comer é chamado: anorexia nervosa. Não ser capaz de algo é chamado: incapacidade. Não poder sentar é denominado: ficar em pé. Não poder ficar em pé é chamado: sentar. Não. Só um minuto. A aberração é então ... ficar em pé? Ou sentar? Não. Impossível. Ah, sim. Então. É isso: não ser capaz de ficar em pé ou de sentar é chamado: inquietação. Não poder duvidar se chama: decisão. Não conseguir decidir: ... dúvida? Não duvidar e não poder decidir se chama: ...

Observação: As coisas para as quais não há palavras não são ruins. Portanto, não são uma aberração. Quanto mais raro for aquilo que você não pode fazer, maior a chance de que não haja nome para isso e, portanto, não seja uma aberração. Por exemplo, se você ... não consegue piscar, não há um nome para isso, então não é uma aberração. Mas, se chegar um dia, chegar uma época ou um povo em que um grande grupo de pessoas seja incapaz de piscar, então vão encontrar um nome para isso, e isso será uma aberração. Portanto, não faz mal se você não consegue se decidir E não consegue duvidar. Mas! Se você sofre disso, seria muito pior do que sofrer de alguma coisa que tem um nome. É muito melhor sofrer de alguma coisa que tem nome do que sofrer de alguma coisa que não tem nome. As doenças indefiníveis causam muito mais estresse psicológico do que as doenças definíveis. É por isso que é importante definirmos tudo. Pelo menos daquilo que sofremos. Aquilo que a gente não sofre não precisa ter nome.

Podemos dividir as atividades em atividades que gostamos de fazer e atividades que não gostamos de fazer. Um dia de sucesso é um dia repleto de atividades divertidas e que tem ramificações com os dias futuros, criando oportunidades para atividades mais divertidas ainda. Chamamos isso de: planos construtivos.

Desenvolvemos uma consciência — uma espécie de radar com o qual podemos medir a nossa diversão constantemente. No entanto, também sentimos essa consciência como perturbadora e a tachamos de não divertida. Portanto, ela tem um nome e é chamada de superconsciência. Assim, é importante termos o menor número possível de nomes. A menos que a gente sofra de alguma coisa.

A maioria de nós está preocupada em criar significado. Damos sentido à vida. Quando a vida não tem sentido, geralmente não temos sentido para nós mesmos. Em geral, preferimos dar sentido à vida do que dar sentido a nós mesmos. Normalmente criamos sentido para as atividades divertidas, mesmo que essas atividades sejam inúteis em si mesmas. Só nos propomos a fazer atividades que não são divertidas se as atividades forem realmente significativas. Chamamos isso de oportunismo. Oportunismo é um nome. Muitos de nós não queremos ter esse nome. Então, damos sentido à vida. Para que a vida tenha mais um nome e não nós mesmos.

Mesmo aqueles que não atribuem sentido à vida dão um nome à vida. Eles chamam a vida de: absurdo. A vida conhece muitos nomes. Às vezes, a vida significa: vale a pena. Mas também:

a vida é como um pirulito: quem chupa primeiro fica com a melhor parte.

Esperança. Não podemos viver sem esperança. Se houver esperança, pode até haver muitos problemas. O principal é que haja esperança.

Então, esperamos muito. Provavelmente não há ninguém que não tenha esperança. Portanto, todos esperam por algo.

Tentamos organizar todos os aspectos da vida em um sistema ficcional. Este sistema de classificação cumpre sua tarefa quando a categoria "Outros" é a menor possível. Veja a natureza, por exemplo.

Certas partes do mundo se enquadram em "Natureza". Natureza é o que não foi criado pelo homem. Uma casa construída por um castor é uma toca de castor e é a natureza. Uma casa construída por uma pessoa é uma casa e não natureza.

Os sentimentos são indetectáveis e são projetados em objetos ou em outras pessoas. Como nós, pessoas humanas, muitas vezes nos sentimos bem perto da natureza, projetamos muitos sentimentos positivos na natureza. Essa é outra razão pela qual queremos fazer parte da natureza, e de preferência sermos naturais também.

Mas não se pode negar que o comportamento natural é uma tarefa impossível para a humanidade. Porque a humanidade não faz parte da natureza. A única coisa que podemos fazer é agir o mais humanamente possível. Muito é humano. Errar é humano.

1

PESSOA HUMANA:
Encontrei uma pequena tampa de borracha. Guardei a tampa. Não adianta. É uma tampa que não tem utilidade. É uma tampinha diferente com um laço. Eu não tenho ideia para que serve. Mas se você precisar de uma tampa dessas, vai ter que procurá-la desesperadamente. Pode ser que um dia essa tampa seja exatamente uma pequena engrenagem necessária para uma máquina maior. Por ser inútil, esta tampa é uma necessidade típica de nossa vida. Uma tampa dessas não pode ser jogada fora do nada, porque parece tão inútil, ao mesmo tempo que é uma tampa que você não vai encontrar facilmente depois que ela desaparecer. Enfim, a tampa foi perdida. Em algum lugar. E quem está com a tampa nem sabe para que serve. Além disso, também está quebrada. [*ela pega do bolso uma tampa de borracha quebrada, um objeto estranho*] Olhe. Aqui. E isso aqui está quebrado. Este laço é feito de plástico e está gasto. Apenas gasto. Você pode ver imediatamente: isso é algo muito especial. Estava fixada em algum lugar. É uma peça de reposição importante de alguma coisa e, se quebrar, você nunca vai encontrar um substituto e ela vai ficar quebrada. Também não pode ser consertada. É feita de plástico. Não pode ser soldada ou colada, e só fita adesiva não é suficiente. Simplesmente está quebrada. Se você soubesse ao que ela estava fixada, você poderia dizer: basta comprar um novo. Um novo daquilo a que a tampa pertence. Porque se você quiser remanufaturar uma tampa de plástico dessas, provavelmente será muito mais caro do que comprar uma coisa nova com a tampa já instalada. Mas a questão é se as coisas ainda são produzidas. Talvez elas não estejam mais em produção porque

eram produtos defeituosos porque as tampas que estavam presas nelas quebravam tão fácil. Por isso, as coisas não são mais produzidas, mesmo que este produto possa ter sido a bateria de algo, um gerador, a placa-mãe, ou algo para o qual outros produtos foram projetados para funcionar. E se aquela coisa quebra e não é mais produzida, você tem um problema. E a culpa disso é uma tampa tão pequena, que as pessoas acreditam: essa tampa ainda deve ser encontrada em algum lugar. Não necessariamente igual, o principal é que possa assumir a mesma função. É assim que eu penso. Que deve ser encontrada em algum lugar. Eu só não quero aceitar de jeito nenhum que deveria haver apenas uma tampa desse tipo em todo o mundo. Eu simplesmente não consigo acreditar nisso. Realmente não. Eu não acredito. Eu não posso acreditar nisso. Não tem nada a ver com querer ter razão, só não consigo imaginar que exista apenas uma tampa dessas em todo o mundo. Não consigo imaginar isso. Não existe nenhuma razão para que eu não consiga imaginar, mas é assim. Eu acredito que é da natureza humana. Essa é a única razão que consigo imaginar.

2

JAN:
[*olha para Bavo*] A lateral: quatro vezes mais fina do que a frente. A frente: não combina nem um pouco com o fundo. A parte de baixo: não traz informação nenhuma sobre o lado de cima. A cor: indescritível. Uniformemente monocromático? De jeito nenhum. Simetria? Como uma cópia feita a mão; um cinzeiro feito de forma artesanal. As irregularidades são exaltadas com palavras compostas exclusivamente para esse fim, tais como: peculiar ou singular. Os desnivelamentos são chamados de charmosos ou de ruins aleatoriamente. Existe uma separação clara entre mente e corpo, e ainda assim busca-se, incansavelmente, a influência que um exerce sobre o outro. Uma mente não difere da outra, mesmo que deseje isso com todas as forças, assim como todas as outras mentes também desejam não desejar o mesmo. Mesmo nesse caso, todas continuam a dizer: toda pessoa humana é única. Sem exceções. Esse paradoxo não é visto como um problema, mas como uma característica da espécie.

BAVO:
É uma ideia maluca, mas faz sentido. Ele e eu somos semelhantes. É uma piada sem graça, um pensamento desagradável, mas é assim mesmo. Eu me conformo quando penso que, na verdade, não sou esse corpo ridículo. Porque eu sei exatamente o que sou. Eu sou um quadrado azul perfeito; simétrico, elegante e de cores vivas. Mas isso é lá, não aqui.

Eu sei. Eu não tenho um parafuso a menos. Não estava pedindo o impossível. Eu só tinha pedido que se levasse mais ou menos em consideração que nossa aparência humana fosse pelo menos um reflexo de nossa forma verdadeira. Eu só tinha pedido que pudesse me manifestar assim meio como uma pessoa perfeitamente simétrica ou pelo menos ser uniformemente monocromático. Veja como eu fiquei. Enquanto ele —

JAN:
Isso agora não importa.

BAVO:
... O que você está fazendo?

JAN:
... Eu não sei. Aconteceu sem querer.

BAVO:
Agora você está fazendo isso de novo.

JAN:
O que é isso?

SYLPIA:
Isso, meu caro amigo, é um diálogo.

BAVO:
Um diálogo?

SYLPIA:
Uma troca de palavras. Ele te dá suas palavras e em troca recebe outras.

JAN:
O que eu queria dizer é... nem todo mundo gosta de quadrados azuis.

BAVO:
O que você tá dizendo?

JAN:
Eu prefiro retângulos.

BAVO:
[*rindo*] "Nem todo mundo gosta de quadrados azuis!"

JAN:
Mesmo tudo uniformemente azul pode ficar chato.

BAVO:
Agora você está realmente fazendo papel de bobo.

JAN:
Isso mesmo! É, sim! Todo mundo gosta de quadrados azuis perfeitos! É, eu também! Eu também gostaria de ser um quadrado azul perfeito, LÁ! Mas agora estamos AQUI e ninguém aqui está interessado em quadrados azuis perfeitos!

BAVO:
... O que você acabou de fazer com sua voz?

JAN:
... Sei lá. Aconteceu.

SYLPIA:
Essa voz alta aí.

BAVO:
E para que serve a "voz alta"?

SYLPIA:
Para destacar uma desavença.

BAVO:
Desavença?

SYLPIA:
Você ouviu direitinho, sim. Existem opiniões diferentes aqui.

BAVO:
Não é verdade.

SYLPIA:
É, sim.

BAVO:
Não é.

JAN:
É, sim.

BAVO:
Não é.

JAN:
Tá vendo.

SYLPIA:
Infelizmente. Ele tem razão.

BAVO:
Mas isso é uma reação normal, não é?

SYLPIA:
Não, isso não é uma reação normal, esse é exatamente o cerne da questão. Assim que você se disfarça de ser humano, você também pensa como uma pessoa. O que acabou de acontecer entre vocês foi a famosa desavença. Então, para nós, um pequeno cubo azul é o estado perfeito de ser, aqui é mais uma questão de gosto.

BAVO:
Gosto?

SYLPIA:
Conceito terrestre. Aqui, o Jan, que nós começamos a chamar de Jan aqui, pode ter uma opinião sobre os quadrados azuis diferente de outra pessoa qualquer. Eles pensam. Aqui eles pensam. Eles acreditam.

JAN:
Gosto não se discute.

BAVO:
Desde quando?

SYLPIA:
Desde já. Desde —

BAVO:
Que conceito ridículo.

SYLPIA:
O que você está fazendo?

BAVO:
O quê?

SYLPIA:
Eu estava com a palavra.

BAVO:
E daí?

SYLPIA:
Eu sou aquela que nunca é contestada.

BAVO:
Sim, lá, sim, mas —

SYLPIA:
Sim, lá, sim, e —

JAN:
Agora a gente está aqui.

SYLPIA:
E aqui eu também não quero que ninguém me conteste.

JAN:
Sim, mas aqui —

SYLPIA:
Eu sei. Agora eu sou uma pessoa, e as pessoas contradizem outras pessoas, mas eu simplesmente não concordo com isso, então eu sou uma pessoa que não tolera a contradição, não importa quão impossível seja esse esforço, e isso por sua vez não é um problema, porque as pessoas querem coisas que são impossíveis o tempo todo, então é nesse sentido que estou fantasticamente disfarçada de ser humano aqui.

JAN:
É, mas —

SYLPIA:
Quando eu falo, você cala a boca, senão eu conto para todo mundo aqui quem você realmente é lá conosco.

JAN:
Chantagem descarada.

BAVO:
Isso mesmo!

SYLPIA:
Quadrados não têm voz ativa aqui.

BAVO:
Eu não sou um quadrado aqui!

SYLPIA:
Então não aja como um.

JAN:
Exatamente. Você age como se fosse um quadrado azul, mas todos podem ver que você é o exemplo perfeito de uma pessoa muito medíocre com pernas muito curtas.

BAVO:
Pernas muito curtas?

SYLPIA:
Isso mesmo, pernas muito curtas.

JAN:
Isso mesmo.

BAVO:
Não ... Olhe para você mesmo.

JAN:
Eu?

BAVO:
Você é ... velho.

JAN:
Estou muito bem para a minha idade. Tente encontrar alguém de quarenta e quatro anos com um corpo assim.

SYLPIA:
Você já tem quarenta e quatro anos?

JAN:
Acabei de fazer.

SYLPIA:
Não parece.

BAVO:
Alguém confundiu os figurinos. Esse corpo deveria ser o meu disfarce. As pernas curtas demais ficariam muito melhor em você, eu acho. [*Bavo espirra*]

JAN:
Saúde.

BAVO:
O quê?

JAN:
De nada.

SYLPIA:
De nada?

JAN:
Frases bem-educadas. Exclusivas da espécie humana. Muito obrigado, por favor, vamos nos ver mais, muito prazer, não se preocupe, seja bem-vindo, bela camisa, bis, de novo, tenha um bom dia também, saúde, saúde, boa sorte, da próxima vez na minha casa.

3

SYLPIA:

Nós viemos de Tudo. Tudo é o nome do nosso planeta. Não é uma metáfora. Não estamos falando secretamente sobre "a Terra", à qual demos um novo nome simbólico para refletir sobre a existência terrena com alegria e um novo olhar. Não, é muito mais fácil: viemos de outro planeta. Eu poderia lhes contar onde está localizado, mas vocês não entenderiam. Nosso planeta é chamado de Tudo. Este nome é apenas um nome. Como a Terra, a Lua ou Marte. Aqui na Terra, Tudo é uma palavra. Uma palavra com um significado. Mas para nós, porém, Tudo não significa nada. Tudo é apenas um som, acima de tudo. Como Lobith, Soest ou Maggi. Em Tudo, o estado perfeito do ser é um pequeno quadrado azul. Todo mundo gostaria de ser um pequeno quadrado azul, mas há apenas um pequeno quadrado azul perfeito, que é Bavo, que aqui chamamos de Bavo. Ninguém mais tenta se tornar um pequeno quadrado azul conosco, porque todos sabem que isso é impossível. Por exemplo, se você é um cachimbo roxo, ou uma superfície da terra, ou um uh ... [risada] bem, não importa ... então, se você é um cachimbo roxo, não pode se tornar um quadrado azul. Isso é óbvio. Portanto, todos concordamos com isso. Mas, por causa do nosso disfarce humano, devo dizer ridículo, o pensamento humano também se apoderou de nós, e podemos vagamente suspeitar que as pessoas humanas têm opiniões muito diferentes a esse respeito. Um dos nossos grandes talentos é o fato de podermos nos disfarçar de outros seres, e quanto mais o fizermos, melhor poderemos pensar como esses seres. As pequenas diferenças de opinião que acabamos de exibir aqui são um exemplo de como já começamos a nos ajustar à mente humana. Desentendimentos não existem em nosso planeta. As opiniões existem, sim, mas todos temos a mesma opinião. Uma ótima e maravilhosa opinião compartilhada sobre o que vocês chamam de "tudo". Uma maravilhosa opinião perfeita. Uma opinião grande e uniforme — tão perfeita, uniforme, simétrica e luminosa ... como um ... pequeno quadrado azul. Do qual temos apenas um exemplar. Assim como só temos um exemplar de tudo. Por isso, temos um problema quando alguma coisa quebra. UM problema. Porque não temos peça de reposição para nada. Então temos que ir a um lugar onde existem vários exemplares de coisas diferentes e procurar pela coisa que se quebrou lá entre nós.

4

PESSOA HUMANA:
Eu me assusto quando ouço as vozes. A nova equipe está aqui. Estão esperando por mim. Por uma pessoa que vai dar instruções a eles. Eu não vi ninguém ainda e eles também não me viram. Eles devem ter criado uma ideia sobre mim, do seu novo colega, do seu chefe, talvez eles achem que eu seja um homem. Eles estão me esperando, embora ainda não saibam que sou eu quem eles estão esperando. Uma coisa é certa: eles estão esperando por uma pessoa. E essa sou eu. Eu sou o que eles chamam de exemplo perfeito de pessoa. De verdade. Se me pedissem que desse um exemplo do que é uma pessoa, eu indicaria a mim mesma, com certeza. Podem me pedir qualquer característica humana e eu tenho. Mas eles, os estranhos que eu ainda não conheço, vão me conhecer como uma pessoa com um papel, como uma pessoa em seu ambiente de trabalho. Assim, não vou me dirigir a eles em meu nome pessoal, mas em nome da empresa. Gosto de separar o trabalho da vida pessoal, mas não vou aguentar por muito tempo, porque nada que seja humano é estranho para mim. ... Oi.

JAN:
Olá.

BAVO:
Olá?

SYLPIA:
Ei?

PESSOA HUMANA:
Irei, por exemplo, dirigir toda a minha atenção a UMA das pessoas nesta sala, as outras vou ignorar. Minhas pupilas aumen-

tam quando olho para UM deles. Eu poderia fazer um índice, como numa partida de futebol: 70% de posse de bola para um time, 30% para o outro. O contato olho a olho pode ser medido e gerar um índice de atenção. Mas não vou anotar medições, porque quero medir tudo, mas também quero esquecer que posso medir tudo. Mais ainda do que poder medir, quero poder esquecer, portanto eu entro e esqueço. Sou um belo exemplo de pessoa humana altamente treinada em esquecer. Esqueço amores passados, esqueço outras pessoas, esqueço frases bem-educadas, esqueço que mantenho trabalho e vida pessoal separados quando esqueço de tomar uma atitude, quando encontro meus novos colegas e esqueço de dividir minha atenção proporcionalmente. ... Oi.

JAN:
Olá.

BAVO:
Olá?

SYLPIA:
Ei?

PESSOA HUMANA:
[*para Jan*] Então vocês são a nova equipe?

SYLPIA:
Vou explicar isso para a senhora rapidamente. Nós —

PESSOA HUMANA:
Muito bem. Como podemos fazer?

SYLPIA:
O que ela está fazendo?

BAVO:
Olá, posso me apresentar rapidamente —

PESSOA HUMANA:
Esta é a sua primeira vez?

JAN:
Sim, é a minha primeira vez.

SYLPIA:
Viemos de —

PESSOA HUMANA:
Tudo bem se você for meu contato? Isso simplifica a comunicação.

SYLPIA:
Agora ela está fazendo aquilo de novo.

PESSOA HUMANA:
Se houver alguma dúvida, por favor, falem com ... falem com?

JAN:
Jan.

PESSOA HUMANA:
Tudo com Jan, por favor, para mim é melhor. Também vou informar tudo para o Jan, então não preciso explicar as coisas três vezes. Com o tempo, isso só irrita mais. Não é verdade? Bela camisa.

JAN:
Obrigado.

BAVO:
De nada.

PESSOA HUMANA:
Bom. Quero acabar logo com isso, gosto de trabalhar rápido, gosto de trabalhar com eficiência, então preferia que você guardasse suas piadas para o tempo livre. Certo? Estou errada ou você é engraçado mesmo?

BAVO:
Isso, você acertou em cheio, bem observado, na verdade sou — engraçado —

PESSOA HUMANA:
Por mim, se quiser continuar brincando, só depois do trabalho, mas aqui vamos tratar um ao outro com profissionalismo. Certo? Jan, você pode fazer um pequeno inventário para mim?

JAN:
Com certeza.

SYLPIA:
Então. Constatei que temos um pequeno mal-entendido, a questão é, com certeza —

PESSOA HUMANA:
Ah, por favor, anote todas as questões, para então podermos lidar com elas mais tarde de uma vez só. Tudo bem?

SYLPIA:
Agora ela está fazendo de novo!

JAN:
Tudo bem, Syl, tratamos disso mais tarde.

PESSOA HUMANA:
Quem sabe combinamos de conversar só nós dois.

JAN:

Ótima ideia. Suponho que você esteja esperando uma visão global.

PESSOA HUMANA:

Você entendeu bem. Global.

JAN:

Então, nós vamos trabalhar no plano mais tarde. Por enquanto, não há nada mais sensato para dizer sobre isso.

PESSOA HUMANA:

Com você, dá para trabalhar.

JAN:

Obrigado.

PESSOA HUMANA:

De nada.

JAN:

Não vale a pena ficar falando à toa.

PESSOA HUMANA:

Vamos conversar mais tarde.

JAN:

Até mais.

PESSOA HUMANA:

Tchau.

JAN:

Tchau.

5

JAN:
Pessoa simpática. ... Não é verdade?

SYLPIA:
O que foi isso?

JAN:
O quê?

SYLPIA:
O que isso significa?

BAVO:
"Com certeza", "Ótima ideia", "Te vejo mais tarde".

JAN:
Expressões humanas do dia a dia.

SYLPIA:
Expressões humanas?

JAN:
... Estou apenas chutando.

SYLPIA:
Isso é tranquilo pra você, com certeza.

JAN:
Talvez eu tenha um talento ... para ... comportamento humano.

BAVO:
Talento. Você?

JAN:
... Eu estava brincando.

BAVO:
Brincando? Você?

SYLPIA:
Ei, palhaço, como você quer sair dessa bagunça de novo? Com seus controles de estoques e seus planos globais.

JAN:
Achei que tinha entendido.

BAVO:
[*ri alto*] Evidente, essa foi boa também.

SYLPIA:
Aha. Óbvio. Ele é uma pessoa fracassada. Naturalmente.

JAN:
Como assim?

SYLPIA:
Como assim?

JAN:
Não tenho nenhum problema em conhecer novas pessoas. Posso me adaptar a uma nova situação rapidamente. Outra pessoa aparece e meia palavra me basta, eu já entendo. Eu sei interpretar corretamente sua linguagem corporal. Eu sei quando devo me calar ou falar. Quando for preciso, tomo a iniciativa. Eu me adapto sem perder minha dignidade humana. Eu mantenho contato visual um segundo a mais do que o necessário, fico alguns centímetros mais perto do que deveria, o que acaba estabelecendo uma atração inexplicável para a outra pessoa, de maneira que aumenta o seu desejo de me encontrar com mais frequência. Está superevidente; eu sou um ser humano perfeito.

SYLPIA:
As pessoas não deveriam ser perfeitas. Não é humano.

BAVO:
Isso!

JAN:
... Vocês só estão com inveja.

SYLPIA:
Óbvio que temos inveja, somos seres humanos e todos têm inveja de vez em quando. Portanto, somos bem-sucedidos como pessoas. Somos o exemplo perfeito para os seres humanos. Tão perfeito que você deveria desejar ser como nós.

JAN:
Eu, não.

SYLPIA:
Não, você não quer isso, porque você não tem inveja.

JAN:
Não, não tenho inveja de vocês.

SYLPIA:
E isso não é saudável.

JAN:
Você só quer que não seja saudável porque tem inveja.

SYLPIA:
A inveja é perfeitamente humana, e se você nunca teve inveja, você não é humano e, portanto, falhou.

BAVO:
Sim! Faz sentido.

JAN:
Vocês estão errados.

SYLPIA:
Errar é humano.

JAN:
É o que você acha. Vocês pesquisaram os seres humanos quando já tinham se transformado em seres humanos. Vocês queriam descrever as pessoas humanas em seus próprios termos, e isso não funciona. Isso é impossível. Vocês descobriram a incapacidade humana. Só isso. E vocês sabem o que vocês são agora: dois exemplos vivos da incapacidade humana que vocês não conseguem mais enxergar por si mesmos.

SYLPIA:
Exatamente. A essência da humanidade.

JAN:
É o que vocês acham.

SYLPIA:
Porque somos humanos.

JAN:
Porque vocês pensam que são seres humanos. Porque vocês —

SYLPIA:
Pare agora!

JAN:
Espera um pouco, você não pode falar assim comigo, aqui —

SYLPIA:
Oh, cara, cala a boca! Bavo, já passou da hora de entrarmos em contato. Você está organizando uma inspeção de vácuo? Jan,

você pode se livrar de alguma gravidade? Então, podemos nos conectar com os sensores. ... Jan?

JAN:
... Não deveríamos primeiro fazer nossa lista de perguntas?

SYLPIA:
Vou falar de novo, você vai agora —

JAN:
Eu deixei a bomba para trás.

BAVO:
Como assim?!

JAN:
Achei que a gente não precisava mais dela.

SYLPIA:
Acho que não entendi.

JAN:
Eu achei que a gente seria chamado automaticamente ... certo? ... Era só uma questão de esperar.

SYLPIA:
Esperar? Eu não vou esperar. Eu nunca espero. Ninguém me interrompe e eu nunca espero. Quando preciso de alguma coisa, dou um jeito na hora. Imediatamente. Então eu nunca preciso de nada, porque antes de precisar de alguma coisa, já está nas minhas mãos.

JAN:
É uma questão de paciência.

SYLPIA:
Paciência?

JAN:
Uma atitude humana necessária. Mecanismo de sobrevivência. Desenvolvido por humanos porque as coisas nunca estavam aqui na hora certa.

BAVO:
Nunca na hora certa?

JAN:
Na terra os tempos são fixos, mas o conceito de tempo não é.

BAVO:
[*está chorando*] Eu quero ir para casa.

JAN:
Que merda. Ele está chorando.

SYLPIA:
Cara, pare com isso, ou vai escorrer tudo pra fora.

BAVO:
Eu quero ir para casa.

JAN:
Temos que fazer o melhor possível dessa situação.

SYLPIA:
De onde você tirou todas essas frases ridículas?

JAN:
Anexo: Frases inúteis. Não estudou?

SYLPIA:
Achei que o anexo não seria tão importante.

JAN:
Frases inúteis são fundamentais para a vida. A gente tem que se acostumar primeiro com os hábitos mais inúteis de uma espécie se quiser se infiltrar de verdade; deixa pra lá. Deixa como está. Bela camisa. Verdade, é? Esse é o outro lado da moeda. Não fica chateado. Nossa, que clima horroroso. Um café seria muito bom agora. Diga alguma coisa. O que você pode dizer sobre isso? Você não pode dizer nada sobre isso. Que coisa. Você não acha? Se não fosse assim, eu nem falaria. Amanhã é outro dia. De novo, a mesma história. Gosto não se discute. Nada na vida é certo. Oh, cara. Você não consegue se lembrar de tudo. Faz parte. É só uma questão de paciência. Isso é que é não ter papas na língua. A gente faz o que pode. Temos que fazer o melhor possível. Ah, não há nada a fazer. Boa sorte! Você tem que aceitar os fatos. Quem não arrisca não petisca. O tempo é nosso mestre. É assim mesmo. Você não pode ter tudo. Não é domingo todos os dias. Você trabalha demais. Sem ofensa. Muitos anos de vida.

BAVO:
Muitos anos de vida.

JAN:
É pique! É pique! É pique, é pique, é pique?

SYLPIA:
O quê? Como saímos dessa bagunça?

JAN:
Então, alguma dúvida?

BAVO:
Tudo muito humano, agora podemos nos comportar normalmente de novo.

JAN:
Amigos, não consigo trabalhar assim. Perguntas?

SYLPIA:
Jan, a adaptação não é assim tão rápida.

JAN:
Adaptação?

SYLPIA:
Chega. Temos que usar o gerador de emergência.

BAVO:
Eu sabia disso. Não devíamos ter trazido ele com a gente.

JAN:
Então, por favor, pessoal. De volta à Terra, certo?

BAVO:
Na minha opinião, ele vai quebrar.

SYLPIA:
Se você continuar se humanizando assim, seu motor vai quebrar.

JAN:
Vocês dois são muito engraçados, mas eu quero continuar agora, isso seria possível?

SYLPIA:
Pegue o gerador de emergência.

Bavo tira um pente pequeno de seu bolso. Jan arranca o pente das mãos dele e o quebra em dois. Bavo fica com raiva, Sylpia olha horrorizada.

JAN:
Estou te avisando pela última vez.

BAVO:
Agora você está indo longe demais.

JAN:
Estou falando sério.

BAVO:
Vou reportar isso.

JAN:
Você não sabe quando acaba a brincadeira.

BAVO:
Você está percebendo o que você está fazendo?

JAN:
Estou quase perdendo a paciência.

BAVO:
Você não vai se livrar dessa.

JAN:
Minha paciência está acabando.

BAVO:
Agora você foi longe demais.

JAN:
Mais uma vez.

BAVO:
Esse é o limite.

JAN:
Estou avisando pela última vez.

BAVO:
Já chega.

JAN:
Já chega.

BAVO:
[*para Sylpia*] O que a gente vai fazer agora?

JAN:
[*para Sylpia*] Como é que a gente procede?

Sylpia continua a olhar para Jan horrorizada...

BAVO:
... Sylpia?

JAN:
Syl?

SYLPIA:
Sim?

JAN:
Gostaria agora de listar as perguntas.

SYLPIA:
[*para Jan*] Você sabe que tem olhos lindos?

JAN:
Obrigado.

BAVO:
Como?

SYLPIA:
Óbvio que eu não disse isso, esse era o meu disfarce, era a minha pessoa humana, não eu.

JAN:
Então eu digo pra sua pessoa humana: Obrigado.

SYLPIA:
De nada. Diz a minha pessoa humana.

JAN:
Não tem de quê. Diz a minha pessoa humana.

SYLPIA:
Imagina. Diz a minha.

BAVO:
Pessoal, por favor.

JAN:
Obrigado.

BAVO:
De nada. Ops, não foi isso que eu quis dizer.

JAN:
Não se preocupe.

BAVO:
Desculpe.

JAN:
Não se preocupe. Da próxima vez lá em casa.

BAVO:
Não, sem desculpa, não foi isso que eu quis dizer.

JAN:
O quê?

SYLPIA:
Posso ajudá-lo?

BAVO:
Não, muito obrigado, muito gentil da sua parte, não, merda!

SYLPIA:
Tá, tá, tá.

JAN:
Vai um copo de água?

BAVO:
Água?

SYLPIA:
Isso ajuda?

JAN:
O quê?

SYLPIA:
Água?

JAN:
Não, essa é uma figura de linguagem, tipo "Vai um copo de água?".

SYLPIA:
Um copo de água?

JAN:
Um copo de água.

SYLPIA:
Um copo de água?

BAVO:
Não.

JAN:
Não?

BAVO:
Não, obrigado. Não! Eu queria dizer: Não!

SYLPIA:
Não precisa ficar chateado.

JAN:
Sem problema.

SYLPIA:
Tudo bem?

BAVO:
Não, não está tudo bem, a gente —

JAN:
Primeiro, respira fundo.

BAVO:
A gente não devia esquecer —

SYLPIA:
Nananananana.

JAN:
Primeiro, senta aqui.

BAVO:
A gente não pode perder tempo —

JAN:
No fim vai dar certo.

BAVO:
Vai dar certo?

JAN:
Deixa as coisas acontecerem.

BAVO:
Deixar as coisas acontecerem?

JAN:
Olha, também não era tão importante assim.

BAVO:
NÃO! Eu tenho que falar sobre isso. Eu preciso.

JAN:
Putz, a configuração do idioma mudou.

SYLPIA:
Putz?

BAVO:
Não vou esquecer quem sou, sou um quadrado azul, sou um quadrado azul, *Je suis un carré bleu, je suis de tout, soy de todo*, as tuas palavras não me incomodam, o teu mundo não é o meu mundo. Tu mundo no es mi mundo. Yo sé quien eres. Eu sei o que você é. Eu quero voltar. Eu já volto —

Jan bate no rosto de Bavo.

BAVO:
Au. Merda.

JAN:
O quê?

BAVO:
Isso dói.

JAN:
Que bom.

...

BAVO:
[*fala baixinho*] Isso dói.

6

PESSOA HUMANA:
Perguntas?

JAN:
Vamos começar, então os problemas aparecem por conta própria.

PESSOA HUMANA:
Eu dou pilhas de papéis, dados e informações pra vocês e vocês me dão frases como:

SYLPIA:
Estou mais acostumada a um papel de coordenação.

PESSOA HUMANA:
E então eu respondo: "Prefiro não pensar em estruturas hierárquicas." E: "Você pode apresentar um posicionamento global até hoje à tarde, levando em conta as prioridades?" E: "Seja sincero, por favor, se isso ficar muito apertado para você." Então você tem que responder:

SYLPIA:
Não, não, não tem nenhum problema.

BAVO:
Devo —

PESSOA HUMANA:
Você se importa em fazer um café?

JAN:
Um café seria muito bom agora.

PESSOA HUMANA:
Ou você prefere que eu não te peça isso?

BAVO:
... Não, não, nenhum problema.

PESSOA HUMANA:
Tenho total confiança nesta equipe. Meu sexto sentido me diz que juntos vamos conseguir. Ou eu estou enganada?

JAN:
Teu sexto sentido definitivamente não está te enganando. Você tem total razão.

PESSOA HUMANA:
[*para Sylpia*] Vocês me dizem se algo estiver incomodando, está bem? Vocês fazem isso?

SYLPIA:
Não se preocupe, com certeza eu vou fazer isso.

PESSOA HUMANA:
Acho uma ideia reconfortante, sabia?

JAN:
[*para Sylpia*] Ela é legal, não é?

PESSOA HUMANA:
Comunicação aberta, eu gosto disso!

JAN:
Meu Deus, que alívio, eu já vivi essa situação de forma bem diferente.

PESSOA HUMANA:
Eu não consigo ser diferente, mesmo que eu quisesse, sabia?

JAN:
É assim que você é.

PESSOA HUMANA:
Você está começando a me entender.

JAN:
Sabe, não consigo sentir que este seja o primeiro dia.

PESSOA HUMANA:
Você sabe que eu me sinto da mesma forma.

JAN:
Verdade?

PESSOA HUMANA:
Verdade.

JAN:
Que engraçado.

PESSOA HUMANA:
Eu também acho.

SYLPIA:
Engraçado.

PESSOA HUMANA:
Algum problema, Syl?

SYLPIA:
Não, não. ... Humana.

7

SYLPIA:
Bela camisa.

JAN:
Obrigado.

SYLPIA:
Diz minha pessoa humana.

JAN:
... Sim.

SYLPIA:
Lá em casa na próxima vez?

JAN:
Hum ...

SYLPIA:
Não é assim que funciona?

JAN:
Han han ...

SYLPIA:
Estamos fazendo o nosso melhor. Não é?

JAN:
Sim, sim ... Estamos fazendo o que é possível.

SYLPIA:
É o melhor possível.

JAN:
Obrigado.

SYLPIA:
Eu nunca vou esquecer isso.

JAN:
Bem, temos que fazer o melhor com isso.

SYLPIA:
Bela camisa.

JAN:
Sim, obrigado.

SYLPIA:
Bela camisa.

JAN:
Sim, obrigado.

SYLPIA:
Eu disse: Bela camisa.

JAN:
Sim, ouvi e disse: Obrigado.

SYLPIA:
Você não precisa ter vergonha.

JAN:
Do quê?

SYLPIA:
Das suas fraquezas humanas.

JAN:
Oh. Ok.

SYLPIA:
Isso tudo faz parte. Eu só preciso saber.

JAN:
Ah, é?

SYLPIA:
Até eu tenho pensamentos assim. Isso, você ouviu direito, até eu. Isso deve te tranquilizar. Que você também não precisa ter vergonha de nada.

JAN:
Quais pensamentos?

SYLPIA:
Quando estou perto de você. Você já sabe. O que eu imagino.

JAN:
Não.

SYLPIA:
Que ele esteja lá incrivelmente grosso, rígido e reto como uma vela — como uma coluna na Catedral de Colônia que não se inclina para o chão como a Torre de Pisa, uma coluna que está em brasa e também brilha na minha boceta —

JAN:
Para. Na minha opinião, isso não faz mais parte das boas maneiras.

SYLPIA:
Faz parte do espectro humano. Ter pensamentos assim não é estranho. Eu sei que você pensa as mesmas coisas.

JAN:
Ah, é?

SYLPIA:
É.

JAN:
É?

SYLPIA:
Óbvio.

JAN:
Ah, é?

SYLPIA:
Sim, com certeza.

JAN:
É mesmo?

SYLPIA:
Óbvio que é.

JAN:
Sim, e depois?

SYLPIA:
Não importa.

JAN:
O que não?

SYLPIA:
Seus pensamentos.

JAN:
Quais pensamentos?

SYLPIA:
Seus pensamentos sobre mim.

JAN:
Não tenho pensamentos sobre você.

SYLPIA:
Evidente.

JAN:
Não.

SYLPIA:
Sim.

JAN:
Não.

SYLPIA:
Sim.

JAN:
Não, não mesmo.

SYLPIA:
Por que "não"?

JAN:
Simplesmente não.

SYLPIA:
Como assim, "não"?

JAN:
Não, de: não. De: Não devo nem pensar que ... que não se inclina para a terra como a Torre de Pisa.

SYLPIA:
Jan, por favor, fala sério.

JAN:
Realmente não.

SYLPIA:
Para se divertir?

JAN:
Não.

SYLPIA:
Não?

JAN:
Falando sério: Não.

SYLPIA:
Oh. ... Como assim? Como é que isso acontece comigo? O que tenho a ganhar com isso?

JAN:
Nada.

SYLPIA:
Nada?

JAN:
Simplesmente não é recíproco.

SYLPIA:
Então você não tem essas coisas?

JAN:
Não em relação a você.

SYLPIA:
Como assim?

JAN:
Sinto muito.

SYLPIA:
Em relação a quem, então? ... Ah, entendi.

JAN:
Sinto muito.

SYLPIA:
Ah, tá ... tanto faz.

JAN:
Puxa, sinto muito.

SYLPIA:
E como é que você sente isso ... por ela, hein?

JAN:
Não tenho ideia.

SYLPIA:
Bom, sem ofensa, pode acontecer, um mal-entendido, a gente ignora, não está tudo bem, mas bem, página virada, o que faremos a respeito?

JAN:
Nada.

SYLPIA:
... Nada?

JAN:
Não dá para fazer nada a respeito.

SYLPIA:
Oh. ... Que esquisito. ... estranho. E como você chama algo assim?

JAN:
Sentimentos não correspondidos.

SYLPIA:
Sentimentos não correspondidos? Legal. Boa expressão.

JAN:
Sim.

SYLPIA:
Difícil. Irritante. Não é um sentimento bom ... não ser correspondido. É muito estúpido. Dói um pouco ... uma dor aqui.

JAN:
É isso mesmo.

SYLPIA:
Como assim, "é isso mesmo"?

JAN:
Isso mesmo.

SYLPIA:
Por favor, vá embora.

JAN:
Como?

SYLPIA:
Quem você pensa que é?

BAVO:
Sim.

SYLPIA:
Sim. Quem você pensa que é?

BAVO:
Sim, quem você pensa que é?

SYLPIA:
Eu estou ouvindo?

BAVO:
Você sabe o que você é ...?

SYLPIA:
Sim, você sabe o que você é ...?

BAVO:
Hein?

SYLPIA:
Hein?

BAVO:
Você é um pedaço de papel ilegível de merda.

SYLPIA:
O quê?

BAVO:
Você é isso mesmo e sempre vai ser. Um pedaço de papel amassado de merda. Algo que ninguém quer ser.

SYLPIA:
Bavo, por favor.

BAVO:
Um pedaço de papel insignificante de merda, tão insignificante que todo mundo continua pisando em você. Se você não puder ser encontrado, então você sabe que está embaixo de alguma coisa, ou caído entre alguma coisa, ou simplesmente foi levado pelo vento. Quando você faz um som — um murmúrio baixo indefinível —, ninguém entende de onde ele vem, se é que alguém ouve.

SYLPIA:
Bavo. Se você está dizendo isso porque acha que vai ajudar, é melhor você calar a boca.

BAVO:
... Só estou dizendo como é.

JAN:
Deixe-a em paz.

SYLPIA:
Não preciso da sua pena.

JAN:
Não precisa agir assim.

SYLPIA:
Posso eu mesma decidir?

JAN:
Você também pode causar problemas.

BAVO:
Ninguém está me escutando de verdade.

JAN:
Ninguém está ouvindo você de verdade.

BAVO:
Vocês se esquecem por que estamos aqui.

JAN:
Ninguém ouve você.

BAVO:
Vocês esqueceram Tudo.

JAN:
Ela não está ouvindo você.

BAVO:
Sylpia?

SYLPIA:
Agora não.

BAVO:
Você não deve esquecer quem você é.

SYLPIA:
Bavo, por favor, agora não!

8

BAVO:
Nosso botão de volume está quebrado. Lá. O botão de volume do nosso sistema de som. Lá nós temos apenas um botão de volume, um botão de volume que faz parte do nosso único sistema de som. Porque lá a gente só tem um sistema de som. Lá de onde somos, um cachorro nunca late a distância. Nada vaza em segundo plano. Não existe som se afastando ou se aproximando, porque só temos um único sistema de som em um volume. Um som que é controlado pelo nosso único botão de volume que tem uma mola quebrada dentro. E a gente não tem peça de reposição para a mola, porque a gente tem só uma mola que é adequada para o mecanismo do botão de volume. Nosso botão de volume está agora lentamente girando para um nível mais alto e um nível ainda mais alto e um nível ainda mais alto e então para um nível ainda mais alto e um nível ainda mais alto, e existe o pressuposto de que o botão de volume um dia vai alcançar um nível que vai chegar à Terra. A gente não pergunta se, mas quando nosso volume chegará à Terra. A gente tem um ruído de fundo e um botão de volume. A gente tem UM tipo de música. A gente tem UMA música. UM reggae sem fim que se repete e se repete e se repete. UMA música com UM acorde e uma variação que só pode ser ouvida em um volume alto, porque nosso botão de volume conhecia apenas UM nível até pouco tempo atrás. Mas agora que a única mola do botão está quebrada, nosso botão de volume começou a girar, e desde então conhecemos vários volumes de som. Por exemplo, ontem nosso volume estava mais baixo do que hoje. E a cada dia o volume fica mais alto. Essa é a única coisa que continua igual: o volume fica mais alto a cada

dia. Até pouco tempo atrás, nossa língua não tinha comparativos. Por exemplo, lá a gente tem um quadrado que pode ser descrito como pequeno. Mas nós temos apenas um quadrado, então não temos que comparar o quadrado com nada. Não precisamos falar sobre outro quadrado que seria maior, menor ou mais macio. Quando falamos sobre alguma coisa diferente do quadrado, estamos falando sobre um pedaço de papel ou o doce perfume ou a superfície ondulada da água. Não existe outra superfície de água mais ou menos ondulada. Mas agora tudo mudou porque o botão de volume está girando. Tudo e todos estão praticando e tentando entender o que significa "mais alto". Hoje em dia só se fala sobre o volume do som que se ouve e que chamamos de mais alto do que o normal. Nosso ruído ambiente está mais alto do que o normal. Nosso volume está mais alto do que ontem. E quando finalmente incorporamos o conceito, desenvolvemos a assustadora consciência de que não existe nada mais alto ou mais agudo. Que não existe superlativo, apenas o comparativo que fica cada vez maior e maior. Porque nossos botões não conhecem um fim. Portanto o volume nunca pode atingir seu nível mais alto. Nenhum de nossos botões conhece o nível mais alto. Nunca precisamos disso. Porque tudo sempre ficou na mesma altura. Havia apenas uma altura. Nós pensávamos. Todos os nossos botões podem girar em frequências infinitas. Não conhecemos o limite final. E tudo e todos estão com medo. Não sabemos até onde vai a altura do volume. Nada nem ninguém jamais foi ou chegou a esse ponto. Agora a altura do volume está se movendo e está se movendo e crescendo e crescendo, e pela primeira vez as coisas e as cores e as paisagens e os laptops estão começando a reclamar do mesmo reggae de sempre, com o qual ninguém teve problemas antes porque antes não havia uma diferença entre o antes e o agora.

9

BAVO:
Imagine só, eu sou um ser extraterrestre.

PESSOA HUMANA:
Sim, pode continuar.

BAVO:
Você pode imaginar algo assim?

PESSOA HUMANA:
Sim, já estou imaginando. Pode continuar.

BAVO:
[*surpreso*] Você consegue imaginar?

PESSOA HUMANA:
Sim, consigo imaginar. Pode continuar.

BAVO:
... [*em silêncio, surpreso*]

PESSOA HUMANA:
E então?

BAVO:
Sim. Imagine: eu sou um ser extraterrestre e pergunto se você pode me explicar o superlativo.

PESSOA HUMANA:
Meu pai sempre dizia: uma expectativa só é boa quando alcançada.

BAVO:
Sempre? Aha! Entendi. Sempre: uma expectativa só é boa quando alcançada. Uma expectativa só é boa quando alcançada. Uma

expectativa só é boa quando alcançada. Uma expectativa só é boa quando alcançada. Uma expectativa só é boa quando alcançada. Uma expectativa só é boa quando alcançada. Uma expectativa só é boa quando alcançada. Uma expectativa só é boa quando alcançada. Que dica inteligente. O muito alto é mais alto do que o mais alto de todos?

PESSOA HUMANA:
Depende.

BAVO:
De quê?

PESSOA HUMANA:
Quão alto é o mais alto.

BAVO:
A gente não sabe quão alto é o mais alto.

PESSOA HUMANA:
Então não podemos determinar se o mais alto é alto demais.

BAVO:
Quando alguma coisa está alta demais?

PESSOA HUMANA:
Isso é totalmente subjetivo.

BAVO:
Quando alguma coisa é alta demais para vocês?

PESSOA HUMANA:
Eu só posso falar por mim mesma.

BAVO:
Por favor ...

PESSOA HUMANA:
Pessoalmente ... eu logo acho as coisas altas demais.

BAVO:
Quando é isso: "logo"?

PESSOA HUMANA:
Mais rápido do que outros.

BAVO:
Quando os outros acham alguma coisa muito alta?

PESSOA HUMANA:
Às vezes acho que os outros nunca acham nada alto demais.

BAVO:
Às vezes os outros nunca acham nada muito alto?

PESSOA HUMANA:
Não, é o eu que acho, às vezes.

BAVO:
Você acha que às vezes eles nunca acham muito alto.

PESSOA HUMANA:
Mas eu só acho que sim, porque é óbvio que não.

BAVO:
Então por que você acha isso?

PESSOA HUMANA:
Parece que sim, porque eu logo acho um pouco alto demais, mas não é o caso.

BAVO:
Então você está pensando deliberadamente uma coisa que não é verdade. Por quê?

PESSOA HUMANA:
Na verdade, eu não penso assim.

BAVO:
Então por que você diz isso?

PESSOA HUMANA:
Bom, é uma forma de expressão. Eu digo isso para esclarecer as coisas.

BAVO:
Isso é a "forma de expressão" de vocês, então.

PESSOA HUMANA:
A gente diz uma coisa para explicar melhor alguma coisa, mas a gente não quer dizer tudo de um jeito literal.

BAVO:
Vocês não querem dizer tudo literalmente porque isso deixaria tudo mais evidente?

PESSOA HUMANA:
Esse é o nosso objetivo.

BAVO:
Vocês não estão convencidos disso?

PESSOA HUMANA:
É o nosso objetivo.

BAVO:
Vocês já consideraram falar tudo literalmente?

PESSOA HUMANA:
Alguém já considerou essa possibilidade, com certeza.

BAVO:
Não todos?

PESSOA HUMANA:
A gente nunca pensa a mesma coisa todos juntos.

BAVO:
Vocês já pensaram em fazer isso de verdade alguma vez?

PESSOA HUMANA:
O que você acha?

BAVO:
Se eu entendi o superlativo de vocês corretamente, então acho nossa espécie mais prática.

PESSOA HUMANA:
Essa não me parece ser a melhor atitude para se confrontar com outra espécie.

BAVO:
Também acho. Vocês inventaram o superlativo.

PESSOA HUMANA:
Como?

BAVO:
A mola de nosso botão de volume provavelmente quebrou porque vocês estão sempre passando por nosso planeta com suas sondas espaciais. Daí tudo fica vibrando por lá. A gente não gosta nem um pouco disso. Lá com a gente nada vibra. A mola do botão não aguentou. E por causa de vocês, estou aqui na merda do planeta de vocês para procurar uma nova mola para o nosso botão de volume.

PESSOA HUMANA:
O botão de volume de vocês?

BAVO:
Isso, nosso botão de controle de volume. Isso é tão difícil assim de entender?

PESSOA HUMANA:
Você não pode simplesmente pegar uma mola para você e desaparecer?

BAVO:
Só podemos desaparecer quando somos chamados. A gente não pode ir embora porque o Jan esqueceu de trazer a bomba e a unidade de emergência está quebrada.

PESSOA HUMANA:
Então vocês sabem esquecer também?

BAVO:
É óbvio, que tipo de pergunta estúpida é essa.

PESSOA HUMANA:
A palavra *estúpido* também.

BAVO:
Bem, ouve bem, a gente não tem nada contra os adjetivos, a gente só tem nossas dúvidas sobre o superlativo.

PESSOA HUMANA:
Então, a incrível espécie de vocês também tem dúvidas?

BAVO:
A gente consegue se adaptar muito bem. Se nós estivermos disfarçados de seres humanos, então nos adaptamos ao espí-

rito humano. Não funciona em um piscar de olhos, mas com o tempo vamos incorporar até mesmo as suas dúvidas e manias. Não é tão especial assim.

PESSOA HUMANA:
Se tudo é tão terrível aqui, por que você não fica no seu próprio planeta?

BAVO:
Fascista imunda!

PESSOA HUMANA:
Você nem sabe o que é um fascista.

BAVO:
Então a gente vai pesquisar.

PESSOA HUMANA:
Você viu pessoalmente que a mola está quebrada?

BAVO:
Por quê?

PESSOA HUMANA:
Tem certeza de que não foi um estratagema para te expulsar do planeta?

BAVO:
Mas eu estou ouvindo que o volume não está funcionando direito.

PESSOA HUMANA:
Talvez você só esteja achando isso.

BAVO:
Você não entendeu nada mesmo, não é?

PESSOA HUMANA:
Incrível. De verdade, inacreditável. Falando sério. Eu estou tão impressionada. Bravo. Bravo, Bavo, haha. Você tem que fazer alguma coisa com isso, sabe disso? Com a sua imaginação. Inventa uma história a partir disso, escreve, é isso. Você já pensou nisso antes?

BAVO:
... ... É uma boa ideia. Vou pensar sobre isso. Obrigado.

PESSOA HUMANA:
De nada.

BAVO:
Com certeza. Da próxima vez é la ém casa.

PESSOA HUMANA:
Tudo tem uma razão, porque tudo precisa de uma razão, e toda razão tem o seu direito de existir. Cada razão que eu penso tem direito a uma história, então cada história tem uma razão. Meninos de pernas curtas que não são ouvidos precisam de histórias estranhas para serem ouvidos. Essa é uma razão plausível. Suas estranhas histórias têm direito a essas razões plausíveis. Tudo tem uma razão; a minha razão. Cada palavra que me é dada recebe uma razão em troca. Isso é justiça. E essa é uma boa razão.

10

JAN:
Que bonita.

PESSOA HUMANA:
Bonita?

JAN:
Mais bonita.

PESSOA HUMANA:
Mais bonita?

JAN:
A mais bonita.

PESSOA HUMANA:
O quê?

JAN:
Estou experimentando as palavras.

PESSOA HUMANA:
E?

JAN:
Sim.

PESSOA HUMANA:
Sim?

JAN:
A mais bonita. Eu sei o que é "a mais bonita".

PESSOA HUMANA:
É isso mesmo, ou é só o que você acha?

JAN:
Não é que eu ache isso, mas é que é isso de verdade.

PESSOA HUMANA:
E se não fosse assim mesmo, você também acharia isso?

JAN:
É melhor se eu só achar isso ou é melhor que seja verdade?

PESSOA HUMANA:
Seria bom se fosse verdade, mas melhor ... Seria se você pensasse assim.

JAN:
Você é "a coisa mais bonita" que já vi.

PESSOA HUMANA:
Você acha isso?

JAN:
Não é verdade?

PESSOA HUMANA:
Você não acha que seja verdade?

JAN:
Acho que eu diria isso. Se eu fosse humano. E que você iria acreditar em mim.

PESSOA HUMANA:
Se você fosse humano?

JAN:
Não é verdade, mas eu diria isso se fosse humano. Eu acreditaria nisso, e eu acredito, se eu fosse humano.

PESSOA HUMANA:
Se você fosse humano de verdade?

JAN:
Se eu fosse humano de verdade?

PESSOA HUMANA:
Você acredita nisso, tão verdadeiro quanto você é humano?

JAN:
Como humano de verdade, eu vou te dizer. Eu daria minha vida para que você me amasse por uma hora. Se eu tivesse nascido de uma mulher: eu daria minha vida por um olhar apaixonado seu. Eu ia dizer.

PESSOA HUMANA:
Mas você não vai dizer.

JAN:
Eu ia dizer.

PESSOA HUMANA:
Você ia dizer?

JAN:
Sim, eu ia dizer. Você diria?

PESSOA HUMANA:
Eu diria? Se você —

JAN:
Se eu —

PESSOA HUMANA:
Sim —

JAN:
Sim?

PESSOA HUMANA:
Sim.

JAN:
... Isso seria bom.

PESSOA HUMANA:
Isso seria "o mais bonito".

JAN:
Eu vou te levar comigo.

PESSOA HUMANA:
Com você?

JAN:
Para um lugar onde somos, juntos um só objeto.

PESSOA HUMANA:
Objeto?

JAN:
Ou: uma grande superfície de água. Você e eu, uma grande superfície de água.

PESSOA HUMANA:
E então?

JAN:
Então sentimos a água.

PESSOA HUMANA:
Como?

JAN:
Como se a gente tivesse mãos e a gente não fosse a própria água.

PESSOA HUMANA:
E então?

JAN:
Então a gente deixa que as ondas carreguem nossos corpos como se a gente tivesse um corpo e a gente não fosse as próprias ondas. Então a gente vê como o sol se reflete na água como se a gente tivesse olhos e não fosse a própria visão do sol sobre a água.

PESSOA HUMANA:
Não pode ser.

JAN:
Não, não pode ser.

PESSOA HUMANA:
Então você não vai me levar com você?

JAN:
Vou te levar a um lugar onde o impossível é possível, como se a gente não fosse o impossível em si.

PESSOA HUMANA:
Você diria isso.

JAN:
Não. Eu disse isso.

11

PESSOA HUMANA:
Você já terminou aquela pilha!

SYLPIA:
Não importa se eu faço o meu trabalho e quando faço o meu trabalho nem como eu faço. E por que é assim? Porque sei que tarefas completamente diferentes estão esperando por mim. Porque meu verdadeiro papel na vida é outro. Então você entende que não posso me jogar neste trabalho com toda a paixão.

PESSOA HUMANA:
Eu entendo isso?

SYLPIA:
Imagine que o seu ministro das Relações Exteriores esteja sendo treinado como "funcionário dos Correios". Todos os dias, ele se senta atrás de um balcão e pratica com seus colegas de trabalho como conversar e responder às perguntas dos clientes. Perda de tempo. E: confuso também. Porque se ele então tiver que retornar às suas tarefas originais, por exemplo, uma declaração oficial do governo ou o Discurso do Estado da Nação, suas qualidades como funcionário dos Correios com certeza não vão ajudar. Elas iriam até mesmo apenas atrapalhar. Imagina: "Caros cidadãs e cidadãos, é com grande pesar que tenho de vos informar que o preço de um bilhete de transporte múltiplo aumentará 10% este ano, mas, ao mesmo tempo, gostaria de chamar a vossa atenção para a nova oferta de caixa postal dos Correios." Com certeza não dá certo, até você entende isso.

PESSOA HUMANA:
Você tem toda a razão. Talvez você deva se preocupar com tarefas que distraiam menos, porque as suas qualidades não são desafiadas "apropriadamente" dessa forma. Talvez você possa servir melhor o café, esvaziar a lata de lixo, limpar a pia, talvez varrer o corredor, limpar o teto com o espanador, lavar a louça, aspirador, flanela ... ...

SYLPIA:
Então você percebeu, hein?

PESSOA HUMANA:
Eu estou vendo. Você deve ser dispensada de suas tarefas imediatamente.

SYLPIA:
Eu não esperava isso de você, você sabe. Você dá a impressão de ser uma pessoa com pouca ou nenhuma capacidade de observação, o caso típico de uma pessoa que sempre toma decisões erradas, alguém sem conhecimento da natureza humana, alguém que sempre faz escolhas erradas; basicamente a personificação da estupidez, alguém que "fica dormindo de olhos abertos", ou, melhor falando, não é lá muito esperta. Mas pelo jeito meu estado mental superior é um fenômeno tão superior que até você notou.

PESSOA HUMANA:
Talvez este não seja o lugar adequado para você.

SYLPIA:
Minha querida, querida amada de carinha bonita, não se preocupe tanto comigo, eu dou um jeito ... Café?

PESSOA HUMANA:
Café?

SYLPIA:
Café?

PESSOA HUMANA:
... Café ... Sim. ... Maravilhoso.

SYLPIA:
Jan?

JAN:
Sim, um café seria perfeito agora.

SYLPIA:
Bavo?

BAVO:
Então você não esqueceu?

SYLPIA:
Hum ... duas colheres de açúcar, um pouco de leite, certo?

BAVO:
Isso mesmo.

PESSOA HUMANA:
Bavo, acho que você é um cara inteligente, você pode terminar a pilha esta tarde?

BAVO:
Eu?

PESSOA HUMANA:
Tenho impressão de que você aprende rápido.

BAVO:
Oh. ... Obrigado.

PESSOA HUMANA:
Eu não diria se não fosse verdade.

BAVO:
Thank you.
... I am a smart boy.

SYLPIA:
Nós subestimamos nossos semelhantes.

BAVO:
A gente acha que não é valorizado.

SYLPIA:
E de repente surge o reconhecimento tão desejado.

BAVO:
Você acha que ninguém pode ouvir sua voz.

SYLPIA:
E então, de repente, tem alguém que escuta você.

BAVO:
Exatamente quando você não está esperando.

SYLPIA:
Alguém que diz: Eu te valorizo, eu consigo ver quem você é.

BAVO:
Eu te valorizo, eu vejo quem você é.

SYLPIA:
Alguém que mora ao seu lado.

BAVO:
Você não precisa ir muito longe para encontrar a felicidade.

SYLPIA:
Mesmo que às vezes você pense: para que tudo isso?

BAVO:
Tudo ... Tudo ... ... ei ...

SYLPIA:
Sim?

BAVO:
Eu queria dizer tudo ...

SYLPIA:
Tudo tem um motivo de ser?

BAVO:
Não, eu queria dizer tudo ...

SYLPIA:
Tudo tem seu preço?

BAVO:
Não, era outra coisa, algo como: "tudo ..."

SYLPIA:
Tudo como ... O quê? Tudo enche o saco? Tudo é bom? Tudo é possível? Tudo em todos? Para todos? Tudo e cada um? Tudo isso está certo?

BAVO:
Não. Eu não sei mais.

SYLPIA:
Bom, você não consegue se lembrar de tudo.

12

Jan faz algo que exige destreza; ele dobra um pedaço de papel com uma das mãos, e cola e fecha dois envelopes ao mesmo tempo, ou algo parecido...

PESSOA HUMANA:
Que talento você tem.

SYLPIA:
Sim, você faz isso muito bem.

BAVO:
Como você conseguiu isso?

JAN:
O quê?

PESSOA HUMANA:
Isso.

JAN:
Ah, isso.

BAVO:
Bom, eu nunca teria essa ideia.

JAN:
Não tenho a mínima ideia. Faço assim sempre.

SYLPIA:
Você faz isso bem. Mesmo.

JAN:
Tenho feito isso há anos.

BAVO:
Bem, eu simplesmente não pensaria em algo assim.

JAN:
Sempre faço isso.

BAVO:
Bem, eu nunca teria essa ideia.

JAN:
Faço sempre isso.

BAVO:
Como você cria esse tipo de coisa?

JAN:
Sim, como você cria esse tipo de coisa?

PESSOA HUMANA:
Sim, como você cria esse tipo de coisa?

JAN:
Sim, como uma pessoa consegue criar esse tipo de coisa?

SYLPIA:
Uma ideia muito bem desenvolvida, você sabe.

JAN:
Não é nada difícil.

BAVO:
Não para você.

PESSOA HUMANA:
Não, não é difícil para você.

BAVO:
Mesmo assim, acho que é muito talentoso.

JAN:
Mas não é difícil.

PESSOA HUMANA:
Não para você.

JAN:
Então pra mim não é talentoso.

BAVO:
Mesmo assim tem talento.

JAN:
Sempre faço assim.

PESSOA HUMANA:
Essa é justamente a arte.

JAN:
Mas não é nem um pouco difícil.

BAVO:
É por isso que é tão talentoso.

JAN:
Qualquer um pode fazer isso.

BAVO:
Mas nem todo mundo tem essa ideia.

JAN:
Mas isso não significa nada.

SYLPIA:
E mesmo assim, é um talento.

JAN:
Obrigado.

SYLPIA:
Talvez isso não signifique muito para você.

JAN:
Não.

PESSOA HUMANA:
E, mesmo assim, é um talento.

SYLPIA:
Talvez não seja nada de especial para você.

JAN:
Não é.

PESSOA HUMANA:
E, mesmo assim, é um talento.

SYLPIA:
Para você, também não seria um motivo para se orgulhar.

JAN:
Não.

PESSOA HUMANA:
E, mesmo assim —

SYLPIA:
Bom, também não é tão talentoso assim.

JAN:
Não.

SYLPIA:
Mesmo assim é um talento.

PESSOA HUMANA:
É.

JAN:
Não.

SYLPIA:
Na verdade, não.

BAVO:
E, mesmo assim, acho que é um talento.

SYLPIA:
Mas não é isso.

BAVO:
Você não acha que isso é um talento?

SYLPIA:
Acho que é incrivelmente talentoso, mas é óbvio que não é.

PESSOA HUMANA:
Acho que é talentoso.

SYLPIA:
Eu acho também.

BAVO:
Também acho talentoso.

SYLPIA:
Não é.

BAVO:
Eu não entendo isso.

SYLPIA:
Para você, isso poderia ser mais fácil de fazer.

BAVO:
Mas eu não conseguiria criar nada parecido.

SYLPIA:
É por isso que você seria um talento se pudesse criar algo assim.

BAVO:
Mas como se consegue ter uma ideia dessas?

PESSOA HUMANA:
É mesmo, como que a gente consegue ter uma ideia dessas?

JAN:
É mesmo, como a gente consegue ter uma ideia dessas?

SYLPIA:
Você sabe como é irado quando você ri desse jeito.

BAVO:
Como você faz isso, hein?

PESSOA HUMANA:
Sim, como você faz isso?

SYLPIA:
É isso mesmo, você sabia disso?

JAN:
Obrigado.

SYLPIA:
Para você, isso talvez não signifique muito.

JAN:
Não.

PESSOA HUMANA:
Mesmo assim, é um talento.

SYLPIA:
Para você, pode não ser nada de especial para ter orgulho.

JAN:
Não.

PESSOA HUMANA:
E, mesmo assim, é um talento.

SYLPIA:
Para você, também não é nada para se orgulhar.

JAN:
Não.

PESSOA HUMANA E — SYLPIA:
Então também não é um talento.

JAN:
Não.

SYLPIA:
E ainda assim foi feito.

PESSOA HUMANA:
É.

JAN:
Não.

SYLPIA:
Não, na verdade.

BAVO:
Mas eu ainda acho que é um talento.

SYLPIA:
Mas esse não é o ponto.

PESSOA HUMANA:
Não?

JAN:
Não.

SYLPIA:
Mesmo assim, você tem um jeito legal de lidar com isso.

PESSOA HUMANA:
É.

JAN:
Obrigado.

SYLPIA:
Mas é óbvio que isso não significa nada.

PESSOA HUMANA:
Han?

JAN:
Não.

SYLPIA:
Mesmo assim, a tua reação é muito bonita.

PESSOA HUMANA:
É.

JAN:
Obrigado.

SYLPIA:
Mas é óbvio que isso não significa nada.

PESSOA HUMANA:
Verdade.

JAN:
Não.

SYLPIA:
A não ser que você esteja enganado.

PESSOA HUMANA:
Não.

JAN:
Não.

SYLPIA:
É óbvio que o fato de eu desejar você não significa nada.

JAN:
Não.

SYLPIA:
É óbvio que desejo você. Mas isso não significa nada.

JAN:
Não. Não é nada especial para mim.

SYLPIA:
O desejo por você é um mal-entendido grotesco meu, cujo significado pode se tornar óbvio em um futuro distante. Porque os pensamentos que tenho a seu respeito não são meus, obviamente. Você entende isso, não é mesmo? Isso seria um absurdo. Quer dizer, nós dois sabemos que uma mulher como eu seria ... uma utopia para você.

JAN:
Isso é mesmo muito esquisito. Mesmo assim você me olha desse jeito.

SYLPIA:
Pode ser verdade que eu olho para você de uma certa maneira, de um certo jeito, e aí posso ter alguns pensamentos, mas isso não significa absolutamente nada.

JAN:
E por que não?

SYLPIA:
Porque eu sei muito bem que você não vale a pena.

JAN:
[*zangado*] O que quer dizer isso?

SYLPIA:
O quê?

JAN:
É para ficar com raiva ou o quê?

PESSOA HUMANA:
Han?

SYLPIA:
Com raiva?

BAVO:
Tem alguém com raiva aqui?

JAN:
Óbvio que você acha que tem bons motivos para isso.

SYLPIA:
Por que eu deveria estar com raiva?

BAVO:
Sim, por que você está com raiva?

JAN:
A senhora aqui se sente rejeitada, se sente humilhada, não compreendida, em seguida vai pensar: Com razão, provavelmente eu também não valho nada, então ela vai se desprezar, então —

PESSOA HUMANA:
Ah, vamos, deixa a coitada em paz.

SYLPIA:
Não estou dizendo nada.

BAVO:
Você sabe de quem está vindo.

SYLPIA:
Você pelo menos sabe com quem está falando?

JAN:
Aha! Vingativa! É, sim! Então elas ficam vingativas! Se não conseguirmos entender seus métodos patéticos, vocês clamam por vingança. Então é óbvio que tudo é culpa nossa! Mas quem começou com esse desejo impossível? Ahn?

SYLPIA:
Você ainda está falando comigo?

BAVO:
Esquece isso.

JAN:
Não tem problema nenhum, eu nem estou incomodado!

SYLPIA:
Você esqueceu com quem está falando.

JAN:
Eu sei muito bem com quem estou falando, estou falando com o protótipo de uma pessoa comum. A pessoa comum que se deixa levar pela vida? Ou eu estou errado?

SYLPIA:
Você não me conhece.

JAN:
A pessoa comum que olhou para o mapa humano, que foi levada a acreditar que existe algo chamado mapa humano. A pessoa comum que acreditava em coisas como: "Você não pode ter tudo", "Esse é o outro lado da moeda", como: "Todo mundo é inseguro" e assim por diante, etc. e tal. Você acreditou nisso e passou sua vida provando ISSO. Você é vítima de: "Errar é humano." Você é o exemplo vivo disso, de "Nem todo dia é domingo". A primeira coisa que você aprendeu em sua vida é perceber as falhas do ser humano e praticar essas falhas a fim de aperfeiçoar sua humanidade a fim de se tornar a pessoa média perfeita com suas falhas inevitáveis. Pelo menos foi nisso que você acreditou. Mas se um dia alguém chega e diz: "Ah, isso não é verdade, isso é um engano, essas ideias estão desatualizadas faz tempo, até foi provado de forma científica recentemente que todo dia é domingo", então se alguém assim aparece, alguém como eu, alguém absolutamente perfeito, então sua vida de repente torna-se absurda, todo o seu sofrimento perde o sentido em segundos e com certeza, é evidente que você fica com raiva. Então você quer que aquela pessoa se torne igual a você, então aquela pessoa também deveria ser infeliz, e o fim justifica todos os meios, então essa pessoa é liberada! Liberada para ser ofendida! Liberada para ser machucada! Liberada para ser maltratada! Tudo para que ela sofra, e se ela se negar a

sofrer tem que ser destruída, certo? Estou certo? Você não vai fazer eu me passar por louco. Está tudo bem comigo. Esse é o lado certo da moeda. Todo dia é domingo. Eu sou uma pessoa feliz. Você entende isso? E minha felicidade é invulnerável, eu sou invulnerável.

13

JAN:
Você levaria um susto?

PESSOA HUMANA:
Eu nunca ia levar um susto. Tudo tem uma razão. A minha razão.

JAN:
Não tenho a menor ideia.

PESSOA HUMANA:
Isso não me espanta.

JAN:
Nem um pouco.

PESSOA HUMANA:
Vai ter uma razão para isso. A minha razão.

JAN:
Não tenho ideia do que estamos fazendo aqui.

PESSOA HUMANA:
Nem eu.

JAN:
Você está tentando me agradar.

PESSOA HUMANA:
E eu consegui?

JAN:
O que a gente está fazendo aqui?

PESSOA HUMANA:
Nós coordenamos. Nós coordenamos a partir daqui. Aqui está o centro de coordenação.

JAN:
O que estamos coordenando?

PESSOA HUMANA:
Você sabia que a maioria dos projetos dá errado por causa da falta de coordenação?

JAN:
Que tipo de projetos?

PESSOA HUMANA:
Na verdade, esse é sempre o caso com todos os projetos. Falta de comunicação.

JAN:
Que tipo de projeto estamos coordenando?

PESSOA HUMANA:
Coordenamos vários projetos. É por isso que a coordenação é tão importante. Porque são vários projetos.

JAN:
Que tipo de projetos?

PESSOA HUMANA:
Isso eu não sei.

JAN:
Não?

PESSOA HUMANA:
Não sei.

JAN:
Você quer dizer que trabalha com base em "tudo o que você precisa saber"?

PESSOA HUMANA:
Não sei nada. Eu trabalho com base em "nada do que você precisa saber".

JAN:
Para quem você trabalha?

PESSOA HUMANA:
Para o escritório central.

JAN:
O que eles esperam de você?

PESSOA HUMANA:
Eu recebo informações. E eu organizo essas informações. Ou sistematizo. Ou catalogo. Ou organizo as correlações entre diferentes informações e organizo, sistematizo e catalogo essas correlações. Ou faço um inventário das propriedades de cada informação que me foi dada. Ou eu elimino as informações que não apresentam certas propriedades ou eu elimino informações com certas propriedades. Ou acrescento a elas e forneço uma visão geral de todos os acréscimos. E quando eu tiver feito isso, realizo estatísticas sobre a quantidade de informações recebidas.

JAN:
"Tentamos catalogar todos os aspectos da vida em um sistema ficcional de organização."

PESSOA HUMANA:
"O sistema de organização se mostra válido quando a categoria Outros é a menor possível."

JAN:
Com certeza.

PESSOA HUMANA:
Com certeza.

JAN:
Você não sabe que tipo de empresa é essa?

PESSOA HUMANA:
Eu sei que é uma empresa.

JAN:
Como podem contratar alguém que não sabe para qual empresa trabalha?

PESSOA HUMANA:
Eu entendo o que as pessoas esperam. Não precisa saber por quê, não precisa entender nada. Eu consigo entender o que querem. Sempre entendi isso. É fácil com a informação, informações precisam de organização, assim como os sentimentos, que também são informações. Alguém está parado na sua frente e sente alguma coisa. Uma sensação de calor no estômago, uma sensação de tontura na cabeça, um tremor na mão, sentimentos que precisam ser classificados. Um nome. Uma categoria. Esse sentimento pertence a alguma coisa. Por exemplo, a sensação no seu ventre, e mais lá dentro, ela me pertence. Isso eu consigo entender. Que o sentimento precisa ser classificado, colocado em uma categoria segura. Eu vejo o sentimento, eu encaixo em uma categoria. Bonito, não é? Eu sou muito boa nisso. Sylpia, por exemplo, sente um tremor na mão, algo que sobe até a garganta, e isso também me pertence. O sentimento procura alguma coisa dura para rebater, e essa coisa dura sou eu, para

você. Eu vejo o sentimento, eu encaixo em uma categoria. Bonito, não é? Ou Bavo, que sente uma voz pequena, escondida no fundo de seu estômago. Uma voz que não quer ser ouvida. Eu não estou ouvindo. Seu sentimento está procurando uma oposição hostil, eu sou a oposição hostil. Bonito, não é?

JAN:
E você? Você tem alguma manifestação explícita que leva a algum lugar?

PESSOA HUMANA:
Quando eu sei que alguém espera uma certa manifestação explícita, eu manifesto explicitamente. Ótimo, não é? Estou funcionando perfeitamente. Eu nunca erro.

JAN:
Isso é impossível.

PESSOA HUMANA:
Não, certeza?

JAN:
Não.

PESSOA HUMANA:
Bom, não é?

JAN:
Não.

PESSOA HUMANA:
Não?

JAN:
Não.

PESSOA HUMANA:
Ah.

JAN:
Sim.

PESSOA HUMANA:
Sim?

JAN:
Não.

PESSOA HUMANA:
Ah ... Ah. Eu não entendo isso.

JAN:
Também não precisa entender, entende?

PESSOA HUMANA:
E como fica depois, então?

JAN:
Você deveria saber, não é verdade?

PESSOA HUMANA:
Parece que você estava esperando coisas diferentes. Tudo de uma vez.

JAN:
E isso é impossível, não é?

PESSOA HUMANA:
Sim ... Isso é impossível. ... Bom, não é?

JAN:
Não. Não é bom.

PESSOA HUMANA:
Ah. ... O que eu devo dizer agora?

JAN:
Você não deve dizer o que você deve dizer.

PESSOA HUMANA:
Ok, o que eu não devo dizer é justamente o que eu vou dizer.

JAN:
Talvez você não precise dizer nada no momento.

PESSOA HUMANA:
Está bem. Posso permanecer em silêncio como um túmulo.

JAN:
Você cala a boca porque eu te digo para calar a boca, não porque você quer calar a boca, mas porque eu te disse para calar a boca.

PESSOA HUMANA:
Tudo bem. Então eu calo a boca porque você mandou e não porque eu quero, mas porque você mandou.

JAN:
Não. Você cala a boca porque eu te obrigo a calar a boca e não porque você quer calar a boca sob pressão.

PESSOA HUMANA:
Tudo bem. Então eu vou calar a boca porque você está me forçando a calar a boca e — [*Jan bate na cara dela*] Chorar ou continuar? [*Jan a acerta no rosto*] Fugir? [*Jan a acerta no rosto*] Ter um acesso de raiva? [*Jan a acerta no rosto*] Implorar? [*Jan a acerta no rosto*] Contra-atacar? Eu tenho que revidar?

JAN:
Por que seu rosto está ficando vermelho?

PESSOA HUMANA:
Porque você me bateu.

JAN:
Não quero que seu rosto fique vermelho. [*Jan a acerta no rosto*] Eu não quero que seu rosto fique vermelho. [*Jan a acerta no rosto*] Isso é pedir demais? [*Jan a acerta no rosto*] Eu estou perguntando se você está cuidando para que seu rosto não fique vermelho. [*Jan a acerta no rosto*] É tão difícil assim? [*Jan a acerta no rosto*] Não estou pedindo um rosto mortalmente pálido, não estou pedindo um rosto uniforme, não estou pedindo que você mude nada, estou apenas pedindo que mantenha a mesma cor por um tempo. Não estou pedindo nada de especial. Só estou pedindo que não mude por um tempo, é pedir muito? Isso é tão difícil assim? [*Jan a acerta no rosto*] Eu não quero muita coisa. Eu só quero que seu rosto não fique vermelho. [*Jan a acerta no rosto*] Eu não quero que seu rosto fique vermelho. [*Pessoa Humana começa a chorar*]

PESSOA HUMANA:
Para com isso.

JAN:
O que você está dizendo?

PESSOA HUMANA:
Para com isso.

JAN:
Para não bater?

PESSOA HUMANA:
Não, o tapa não é ruim. Se você quer dar um tapa, então você tem que dar um tapa. Óbvio. Bata em mim, por favor, se é isso que você quer, bata em mim, mas não me peça o impossível. Você não pode me pedir alguma coisa que eu possa fazer?

JAN:
Você pode continuar sendo a mesma? É só ficar do mesmo jeito, sem mudar nada, por um tempo?

PESSOA HUMANA:
Sim, isso eu posso. Isso eu posso fazer melhor do que qualquer outra pessoa. Como eu devo ficar?

JAN:
... Não fique. Eu quero que você não fique aí.

Pessoa Humana desaparece de vista

... Só estou pedindo que alguma coisa fique sempre igual, continue sendo a mesma. Alguma coisa que nunca esteja sujeita a mudanças. É pedir demais? Apenas alguma coisa que pode ser silenciosa e perfeita a meu lado. Alguma coisa linda, alguma coisa com formas bem torneadas e definidas. Isso é pedir demais? Alguém que não se mexa quando eu empurro. Alguém que não vai mudar de cor quando eu der um tapa. Alguém que não fique magoado. Alguém que não faça um som diferente quando, de repente, eu beliscar. Alguém com um som. Um som que sempre permaneça igual. Um som calmante. Com uma cara. Uma expressão. Alguém que esteja sempre lá, no mesmo lugar. Em um lugar que seja acessível para mim. E que me dê a sensação de que esse lugar sempre é o mesmo lugar. É um pedido tão absurdo assim? ... Eu quero ir para casa.

SYLPIA:
Então vá para casa.

JAN:
E amanhã?

SYLPIA:
Amanhã também é outro dia. [*Sylpia dá-lhe o casaco e a pasta*]

JAN:
Obrigado.

BAVO:
De nada.

PESSOA HUMANA:
... Debo decir, tengo la sensación de que ya te conozco.

BAVO:
... Eso es increíble! Tu cres que me siento exactamente de la misma manera?

PESSOA HUMANA:
Verdad?

BAVO:
Si, lo creo de verdad.

PESSOA HUMANA:
Eso es muy típico.

BAVO:
Me gusta tu blusa, mucho muchísimo.

PESSOA HUMANA:
Oh, gracias, muchas, muchas gracias.

BAVO:
Un placer, de verdad, ha sido un placer.

Sobre a Coleção Dramaturgia Holandesa

A Coleção Dramaturgia teve seus primeiros títulos publicados em 2012, pela Editora Cobogó, com textos de jovens dramaturgos contemporâneos brasileiros. Com a ideia de registrar e refletir a respeito dos textos de teatro escritos em nosso tempo, no momento que as peças estavam sendo criadas e encenadas, esses livros chegaram às mãos de seus leitores — espectadores, estudantes, autores, atores e gente de teatro em geral — para ampliar as discussões sobre o papel do texto dramatúrgico, sobre o quanto esses textos são literatura, se bastava lê-los ou se seria preciso encená-los para se fazerem completos, e muito mais. Mais que as respostas a essas questões, queríamos trazer perguntas, debater modelos de escrita e seus desdobramentos cênicos, experimentar a leitura compartilhada dos textos, ou em silêncio, e ampliar o entendimento da potência da dramaturgia.

Nesse caminho, publicamos diversas peças de autores como Jô Bilac, Grace Passô, Patrick Pessoa, Marcio Abreu, Pedro Kosovski, Jhonny Salaberg, Felipe Rocha, Daniela Pereira de Carvalho, Jorge Furtado, Guel Arraes, Silvero Pereira, Vinicius Calderoni, Gregorio Duvivier, Luisa Arraes, Diogo Liberano e muitos outros. Trouxemos também para a coleção autores estrangeiros como Wajdi Mouawad (*Incêndios*), Daniel MacIvor (*Cine Monstro, In on It* e *A primeira vista*), Hanoch Levin (*Krum*) e mais recentemente Samuel Beckett (*Não eu, Passos* e *Cadência*), todos com suas versões para o português encenadas no Brasil.

Esse projeto de pequenos livros contendo cada um o texto dramático de uma peça, além de ensaios críticos sobre ela, se fez potente e foi ampliando o espaço que os livros de teatro ocupavam nas estantes das livrarias brasileiras. Se no começo nos víamos em pequeno volume nas prateleiras, com o tempo fomos testemunhando o crescimento dos volumes nas estantes, e mesmo o interesse de mais e mais autores de teatro, assim como de outras editoras, em publicar peças em livros.

Em 2015, ampliamos o espectro da coleção ao nos juntarmos a Márcia Dias e ao Núcleo dos Festivais Internacionais de Artes Cênicas do Brasil no projeto de difusão de dramaturgia estrangeira no Brasil e brasileira pelo mundo. Márcia, há anos a frente do TEMPO_FESTIVAL juntamente com César Augusto e Bia Junqueira, parceiros nossos em tantas publicações, convidou a Cobogó para ser a editora dos textos que vieram a constituir a Coleção Dramaturgia Espanhola, composta por dez livros com dez peças de dramaturgos espanhóis contemporâneos. Em 2019, foi a vez de a Dramaturgia Francesa virar coleção de livros, e dessa vez o projeto incluía, também, oito dramaturgos brasileiros a serem traduzidos e publicados na França. Numa troca de experiências interessantíssima, já que cada dramaturgo francês publicado no Brasil era traduzido pelo mesmo dramaturgo brasileiro, que seria traduzido por ele, para a publicação na França.

Em 10 anos e com mais de oitenta títulos de teatro publicados na Coleção Dramaturgia da Cobogó, publicar a Coleção Dramaturgia Holandesa é um desafio saboroso e instigante.

Pela primeira vez, nossos dramaturgos-tradutores não dominavam o idioma original e, com isso, era preciso trabalhar a partir de diferentes traduções de cada peça, por exemplo, para o inglês, o francês ou o alemão, com a imprescindível colaboração de Mariângela Guimarães e de sua experiência na tradução de textos originais do holandês para o português do Brasil.

Na tradução dos textos, não apenas a língua é vertida, como há também a adequação de referências culturais importantes para a estrutura dramática e narrativa das peças, que precisam ser trabalhadas a fim de trazer ao leitor brasileiro o universo do texto original, dos personagens e das situações, para que cheguem ao idioma de destino preservando a atmosfera do texto, embalado pelas novas palavras, agora em português, que reacendem e iluminam seus significados originais.

Traduzir é parte da prática teatral. Traduzem-se os textos para a cena. Gestos, falas, cenários, figurinos, luz, movimentos são todos, de certo modo, traduzidos a partir de ideias da dramaturgia, além de tantas outras que se constroem na prática teatral. Claro que nesse caso, uma tradução livre, por assim dizer, que toma as liberdades que cada artista envolvido no processo de construção do espetáculo desejar, levados pelas mãos do diretor.

Com o propósito de trazer para o público brasileiro as peças da Coleção Dramaturgia Holandesa, foram convidados os dramaturgos-tradutores Giovana Soar para *No canal à esquerda*, de Alex van Warmerdam; Newton Moreno para *A nação — Uma peça em seis episódios*, de Eric de Vroedt; Cris Larin para *Ressaca de palavras*, de Frank Siera; Ivam Cabral e Rodolfo García Vázquez para *Planeta Tudo*, de Esther Gerritsen; e Jonathan Andrade — o único com conhecimento do idioma holandês por ter vivido no Suriname na infância — para *Eu não vou fazer Medeia*, de Magne van den Berg.

É com imensa alegria que levamos aos leitores brasileiros mais esse incremento à Coleção Dramaturgia, ampliando essa parceria longeva e tão bem-vinda com Márcia Dias e o seu TEMPO_FESTIVAL, com o Núcleo dos Festivais Internacionais de Artes Cênicas do Brasil, com Anja Krans e o Performing Arts Fund NL e, acima de tudo, com o apoio fundamental do Dutch Foundation for Literature, na figura de Jane Dinmohamed, que, com seu programa de divulgação da literatura holandesa no mundo, tornou possível a realidade desses livros de Dramaturgia Holandesa no Brasil.

Isabel Diegues
Editora Cobogó

Sob as lentes da internacionalização de dramaturgias: Países Baixos em foco

Do Parque das Ruínas, avistamos frases que escorrem por um painel de led fixado num prédio no Centro do Rio de Janeiro. A distância de 2 quilômetros que nos separa é vencida pelas lentes da luneta que aperto contra meu olho. Focalizo minha atenção nos textos que integram "uma instalação onde os cariocas poderão se despedir de crenças, pensamentos e visões de mundo que estão com seus dias contados", como dizia o *release* da época. Essa experiência premonitória aconteceu no distante ano de 2012. A obra, que me convocou a pensar nas transformações do nosso tempo e a olhar novos futuros no horizonte, se chamava *Fare Thee Well,* ou *Adeus,* em tradução livre.

Esse trabalho, do artista Dries Verhoeven, integrou o Recorte da Cena Holandesa, apresentado pela curadoria da segunda edição do TEMPO_FESTIVAL. A obra nos aproximava das mudanças que vinham ocorrendo e, metaforicamente, tremulava pelo led cintilante diante dos nossos olhos: o mundo não é mais o mesmo. Embora seja uma memória distante, hoje, percebo quanto, naquele momento, *Fare Thee Well* antecipava e ampliava questões caras para mim e pelas quais eu iria me dedicar nos anos seguintes. Por outro ângulo, esse projeto foi responsável por me reaproximar da produção artística holandesa que me havia sido apresentada pelos artistas Cláudia Maoli e Carlos Lagoeiro, do grupo Munganga, radicados na Holanda desde o fim da década de 1980.[1]

Seguindo essa rota, o TEMPO_FESTIVAL ainda viabilizou a tradução do texto *Mac*, escrito por Jibbe Willems, e *Veneno*, de autoria de Lot Vekemans; idealizou, junto com Jorn Konijn, o projeto HOBRA durante os Jogos Olímpicos, que reuniu criações de artistas brasileiros e holandeses; coproduziu a exposição Adventures in Cross-Casting e a videoinstalação *Monólogos de gênero*, da artista visual Diana Blok; além de ter proposto a residência artística Vamos Fazer Nós Mesmos, com o coletivo Wunderbaum.

Ao longo dos anos, ampliei meu alcance de atuação e gerei aproximações entre países, culturas e visões de mundo. Investi em processos de intercâmbio, e assim nasceu o projeto Internacionalização de Dramaturgias. As primeiras experiências focaram em obras de autores espanhóis e franceses. Os textos traduzidos fazem parte da Coleção Dramaturgia, do catálogo da Editora Cobogó, e, com a colaboração dos parceiros do Núcleo dos Festivais de Artes Cênicas do Brasil, difundimos as obras pelo país. Juntos, envolvemos diferentes artistas nacionais de teatro, promovemos encontros entre encenadores e autores, incentivamos a realização das montagens das obras e estimulamos o intercâmbio de processos e procedimentos artísticos. Essas atividades geraram integração, fortaleceram as trocas

---

1. Depois do sucesso do premiado espetáculo *Bailei na curva*, no Rio de Janeiro, em 1985, participaram do Festival Internacional de Expressão Ibérica e decidiram seguir a vida na arte em Amsterdam. Criaram a Companhia Munganga, com a qual escreveram e produziram 26 espetáculos e, em 2014, inauguraram o Teatro Munganga, onde se apresentam e abrem espaço para outros artistas.

culturais e trouxeram ao público brasileiro uma visão atual e vibrante do Teatro produzido nesses países.

Agora, a terceira edição do projeto renova expectativas. Com a Coleção Dramaturgia Holandesa, as peças ganharão novos olhares que oferecerão abordagens e encenações singulares. Para a seleção dos textos, apresentei ao Performing Arts Fund NL os critérios que orientam o projeto: textos teatrais contemporâneos escritos por autores vivos; obras contempladas com, ao menos, um prêmio de dramaturgia no país; trabalhos com potencial de despertar o interesse do público brasileiro, pouco familiarizado com a produção holandesa. Na primeira etapa desse desafio, me debrucei sobre trinta textos com a ingrata tarefa de escolher apenas cinco obras de cinco autores. Os trabalhos reunidos nesta coleção, apesar das diferenças sociopolíticas e culturais, trazem diálogos, conflitos, reflexões e perspectivas que equilibram contraste e identificação.

Pela realização desta nova etapa, agradeço o apoio do Dutch Foundation for Literature, instituição que apoia escritores e tradutores e promove a literatura holandesa no exterior, e a reiterada confiança depositada no projeto pelo Performing Arts Fund NL, programa cultural do governo holandês que apoia diversos segmentos artísticos, com atenção especial à internacionalização, à diversidade cultural e ao empreendedorismo. Essas instituições foram fundamentais e deram lastro ao projeto de Internacionalização da Dramaturgia Holandesa. Esta jornada só foi possível com a parceria dos companheiros de aventura, a quem dedico meu carinho especial, como Anja Krans, com quem pude contar inúmeras vezes; a Editora Cobogó; aos integrantes do Núcleo dos Festivais Internacionais de Artes Cênicas do Brasil e aos meus parceiros do TEMPO_FESTIVAL, Bia Junqueira e César Augusto, que me emprestam energia e inspiração para seguir a travessia na busca de novos territórios.

Apesar dos tempos que correm, continuarei colocando artistas, obras e públicos em contato. Por onde avistar receptividade, ampliarei a biblioteca do projeto de Internacionalização de Dramaturgias. O mundo é grande e minha luneta, inquieta.

Márcia Dias
Diretora da Buenos Dias —
Projetos e Produções Culturais

Criando laços entre Brasil e Holanda

O Performing Arts Fund NL é o fundo nacional de cultura para teatro, música, teatro musical e dança da Holanda e fornece apoio, em nome do governo holandês, a todas as formas de arte das performances profissionais. Um dos nossos objetivos é promover internacionalmente a obra de dramaturgos contemporâneos baseados na Holanda. Em colaboração com Márcia Dias, do TEMPO_FESTIVAL, procuramos vozes interessantes do teatro atual e cinco peças teatrais de língua holandesa foram selecionadas para receber tradução brasileira. Essa seleção também retrata a multiplicidade de vozes e opiniões da sociedade moderna. Os textos são um reflexo do universo teatral holandês e ao mesmo tempo convidam profissionais brasileiros a criar laços entre os dois continentes e os dois países. A apresentação dessas obras no Brasil em festivais de prestígio, reunidos sob o nome Núcleo dos Festivais de Artes Cênicas do Brasil, fortalecerá ainda mais esses laços e contribuirá para o diálogo entre o Brasil e a Holanda — um intercâmbio crescente e permanente de arte e conhecimento que não pode ser paralisado pela pandemia.

Anja Krans
Gerente de programação — Performing Arts Fund NL

Para mais informações, visite https://fondspodiumkunsten.nl

Núcleo dos Festivais: Colecionar, um verbo que se conjuga junto

O Núcleo dos Festivais Internacionais de Artes Cênicas do Brasil está comprometido com o desenvolvimento socioeconômico e educacional, com o bem-estar e a promoção das artes cênicas do país. Sua missão é intensificar o intercâmbio cultural e estimular novas experiências artísticas. Desde 2003, os festivais que compõem o Núcleo, juntos, vêm formando uma rede em que circulam milhares de espetáculos e ações pelos estados da Bahia, de Minas Gerais, de Pernambuco, do Paraná, do Rio de Janeiro, do Rio Grande do Sul, de São Paulo e do Distrito Federal.

Márcia Dias, diretora e curadora do TEMPO_FESTIVAL, integrante do Núcleo e idealizadora do projeto de Internacionalização de Dramaturgias, convidou o coletivo para participar do projeto e, assim, ampliar a abrangência territorial e agregar um maior número de artistas e públicos. Essa relação e cooperação estimulou o intercâmbio, processos colaborativos de criação e a internacionalização de artistas e obras de artes cênicas. O Núcleo produziu as duas primeiras edições que traduziram as obras de autores espanhóis e franceses contemporâneos seguidas de encenação.

Em 2015, a Coleção Dramaturgia Espanhola gerou desdobramentos: quatro montagens teatrais,[1] uma indicação a prêmio[2] e a produção de um filme de longametragem exibido por diversos festivais.[3] Em 2019, foi realizada a Nova Dramaturgia Francesa e Brasileira. A segunda experiência do projeto construiu uma via de mão dupla, traduziu e difundiu a dramaturgia francesa para o português (Coleção Dramaturgia Francesa, Editora Cobogó) e textos brasileiros, traduzidos para o francês. Por conta da pandemia de covid-19, as ações decorrentes da tradução dos textos brasileiros para o francês precisaram ser reprogramadas para 2023, quando as leituras dramáticas ocupam o Théâtre National de La Colline, em Paris; Festival Actoral, em Marselha; e La Comédie de Saint-Étienne, na cidade que dá nome ao teatro.

Agora, a terceira edição do projeto de Internacionalização de Dramaturgias constrói uma parceria com os Países Baixos, em que artistas brasileiros de diferentes regiões do país traduzem as obras holandesas e realizam leituras dramáticas dos textos. Em formato de residência artística, encenadoras/es brasileiras/os,

---

1. *A paz perpétua*, de Juan Mayorga, direção de Aderbal Freire-Filho (2016), indicação ao 29º Prêmio Shell de Teatro na categoria de Melhor Direção e ao 11º Prêmio APTR nas categorias de Melhor Direção e Melhor Espetáculo; *O princípio de Arquimedes*, de Josep Maria Miró, direção de Daniel Dias da Silva, Rio de Janeiro (2017); *Atra Bílis*, de Laila Ripoll, direção de Hugo Rodas (2018); *CLIFF* (Precipício), de Alberto Conejero López, com Gustavo Gasparani, sob a direção de Fernando Philbert, que não estreou em 2021 por causa da pandemia.
2. Indicação na Categoria Especial do 5º Prêmio Questão de Crítica, 2016.
3. *Aos teus olhos*, adaptação de *O princípio de Arquimedes*, com direção de Carolina Jabor (2018), ganhou os prêmios de Melhor Roteiro (Lucas Paraizo), Ator (Daniel de Oliveira), Ator Coadjuvante (Marco Ricca) e Melhor Longa de Ficção, pelo voto popular, no Festival do Rio; o Prêmio Petrobras de Cinema, na 41ª Mostra de São Paulo, de Melhor Filme de Ficção Brasileiro; e os prêmios de Melhor Direção, no 25º Mix Brasil, e Melhor Filme da mostra SIGNIS, no 39º Festival de Havana.

autoras/es holandesas/es e companhias de teatro locais compartilham o processo criativo que apresentam ao público no lançamento das publicações, que acontece nos Festivais do Núcleo.

Nesta edição, foram convidadas/os para as traduções: Cris Larin (*Ressaca de palavras* [*Spraakwater*], de Frank Siera); Giovana Soar (*No canal à esquerda* [*Bij Het Kanaal Nar Links*], de Alex van Warmerdam); Ivam Cabral e Rodolfo García Vázquez (*Planeta Tudo* [*Allees*], de Esther Gerritsen); Jonathan Andrade (*Eu não vou fazer Medeia* [*Ik Speel Geen Medea*], de Magne van den Berg); e Newton Moreno (*A nação — Uma peça em seis episódios* [*The Nation*], de Eric de Vroedt). Esses textos que formam a Coleção Dramaturgia Holandesa, publicados pela Editora Cobogó, dão continuidade e ampliam a biblioteca do projeto e a disponibilidade de novos textos para criadores de língua portuguesa.

Fazer parte desse processo, conhecer a dramaturgia holandesa, gerar encontros entre artistas e promover novas experiências é uma maneira de nos aproximar e construir relações, verbos que ganharam outra dimensão com a pandemia. Neste projeto, o Núcleo dos Festivais Internacionais de Artes Cênicas do Brasil reafirma seu compromisso com a comunidade artística e seu papel no desenvolvimento do país, através da cultura. Colecionemos boas histórias, memórias e relações!

Núcleo dos Festivais Internacionais de Artes Cênicas do Brasil
Cena Contemporânea – Festival Internacional de Teatro de Brasília
Festival Internacional de Artes Cênicas da Bahia – FIAC BAHIA
Festival Internacional de Londrina – FILO
Festival Internacional de Teatro de São José do Rio Preto – FIT Rio Preto
Mostra Internacional de Teatro de São Paulo – MITsp
Porto Alegre em Cena – Festival Internacional de Artes Cênicas
RESIDE _ FIT/PE – Festival Internacional de Teatro de Pernambuco
TEMPO_FESTIVAL – Festival Internacional de Artes Cênicas do Rio de Janeiro

CIP-BRASIL. CATALOGAÇÃO NA PUBLICAÇÃO
SINDICATO NACIONAL DOS EDITORES DE LIVROS, RJ

G326p

Gerritsen, Esther

Planeta Tudo / Esther Gerritsen ; tradução Ivam Cabral, Rodolfo García Vázquez ; consultoria de tradução Mariângela Guimarães. - 1. ed. - Rio de Janeiro : Cobogó, 2022.
136 p. ; 19 cm. (Dramaturgia holandesa)

Tradução de: Alles (planeet Alles)
ISBN 978-65-5691-066-6

1. Teatro holandês. I. Cabral, Ivam. II. García Vázquez, Rodolfo. III. Guimarães, Mariângela. IV. Título. V. Série.

22-77137
CDD: 839.312
CDU: 82-2(492)

Meri Gleice Rodrigues de Souza - Bibliotecária - CRB-7/6439

Nenhuma parte desta obra pode ser reproduzida, adaptada, encenada, registrada em imagem e/ou som, ou transmitida de nenhuma forma ou por nenhum meio sem a permissão expressa e por escrito da Editora Cobogó.

Todos os direitos em língua portuguesa reservados à
Editora de Livros Cobogó Ltda.
Rua Gen. Dionísio, 53, Humaitá
Rio de Janeiro — RJ — Brasil — 22271-050
www.cobogo.com.br

© Editora de Livros Cobogó, 2022

Editora-chefe
Isabel Diegues

Editora
Aïcha Barat

Gerente de produção
Melina Bial

Consultoria de tradução
Mariângela Guimarães

Revisão final
Eduardo Carneiro

Projeto gráfico de miolo e diagramação
Mari Taboada

Capa
Radiográfico

A Coleção Dramaturgia Holandesa faz parte do projeto de Internacionalização de Dramaturgias

Idealização
Márcia Dias

Direção artística e de produção
Márcia Dias

Coordenação geral Holanda
Anja Krans

Coordenação geral Brasil
Núcleo dos Festivais Internacionais de Artes Cênicas do Brasil

Realização
Buenos Dias
Projetos e Produções Culturais

Esta publicação foi viabilizada com apoio financeiro da Dutch Foundation for Literature.

COLEÇÃO DRAMATURGIA

ALGUÉM ACABA DE MORRER LÁ FORA, de Jô Bilac

NINGUÉM FALOU QUE SERIA FÁCIL, de Felipe Rocha

TRABALHOS DE AMORES QUASE PERDIDOS, de Pedro Brício

NEM UM DIA SE PASSA SEM NOTÍCIAS SUAS, de Daniela Pereira de Carvalho

OS ESTONIANOS, de Julia Spadaccini

PONTO DE FUGA, de Rodrigo Nogueira

POR ELISE, de Grace Passô

MARCHA PARA ZENTURO, de Grace Passô

AMORES SURDOS, de Grace Passô

CONGRESSO INTERNACIONAL DO MEDO, de Grace Passô

IN ON IT | A PRIMEIRA VISTA, de Daniel MacIvor

INCÊNDIOS, de Wajdi Mouawad

CINE MONSTRO, de Daniel MacIvor

CONSELHO DE CLASSE, de Jô Bilac

CARA DE CAVALO, de Pedro Kosovski

GARRAS CURVAS E UM CANTO SEDUTOR, de Daniele Avila Small

OS MAMUTES, de Jô Bilac

INFÂNCIA, TIROS E PLUMAS, de Jô Bilac

NEM MESMO TODO O OCEANO, adaptação de Inez Viana do romance de Alcione Araújo

NÔMADES, de Marcio Abreu e Patrick Pessoa

CARANGUEJO OVERDRIVE, de Pedro Kosovski

BR-TRANS, de Silvero Pereira

KRUM, de Hanoch Levin

MARÉ/PROJETO BRASIL, de Marcio Abreu

AS PALAVRAS E AS COISAS, de Pedro Brício

MATA TEU PAI, de Grace Passô

ÃRRÃ, de Vinicius Calderoni

JANIS, de Diogo Liberano

NÃO NEM NADA, de Vinicius Calderoni

CHORUME, de Vinicius Calderoni

GUANABARA CANIBAL, de Pedro Kosovski

TOM NA FAZENDA, de Michel Marc Bouchard

OS ARQUEÓLOGOS, de Vinicius Calderoni

ESCUTA!, de Francisco Ohana

ROSE, de Cecilia Ripoll

O ENIGMA DO BOM DIA, de Olga Almeida

A ÚLTIMA PEÇA, de Inez Viana

BURAQUINHOS OU O VENTO É INIMIGO DO PICUMÃ, de Jhonny Salaberg

PASSARINHO, de Ana Kutner

INSETOS, de Jô Bilac

A TROPA, de Gustavo Pinheiro

A GARAGEM, de Felipe Haiut

SILÊNCIO.DOC, de Marcelo Varzea

PRETO, de Grace Passô, Marcio Abreu e Nadja Naira

MARTA, ROSA E JOÃO, de Malu Galli

MATO CHEIO, de Carcaça de Poéticas Negras

YELLOW BASTARD, de Diogo Liberano

SINFONIA SONHO, de Diogo Liberano

SÓ PERCEBO QUE ESTOU CORRENDO QUANDO VEJO QUE ESTOU CAINDO, de Lane Lopes

SAIA, de Marcéli Torquato

DESCULPE O TRANSTORNO, de Jonatan Magella

TUKANKÁTON + O TERCEIRO SINAL, de Otávio Frias Filho

SUELEN NARA IAN, de Luisa Arraes

SÍSIFO, de Gregorio Duvivier e Vinicius Calderoni

HOJE NÃO SAIO DAQUI, de Cia Marginal e Jô Bilac

PARTO PAVILHÃO, de Jhonny Salaberg

A MULHER ARRASTADA, de Diones Camargo

CÉREBRO_CORAÇÃO, de Mariana Lima

O DEBATE, de Guel Arraes e Jorge Furtado

BICHOS DANÇANTES, de Alex Neoral

A ÁRVORE, de Silvia Gomez

CÃO GELADO, de Filipe Isensee

PRA ONDE QUER QUE EU VÁ SERÁ EXÍLIO, de Suzana Velasco

DAS DORES, de Marcos Bassini

VOZES FEMININAS – NÃO EU, PASSOS, CADÊNCIA, de Samuel Beckett

PLAY BECKETT: UMA PANTOMIMA E TRÊS DRAMATÍCULOS – ATO SEM PALAVRAS II, COMÉDIA, CATÁSTROFE, IMPROVISO DE OHIO, de Samuel Beckett

COLEÇÃO DRAMATURGIA ESPANHOLA

A PAZ PERPÉTUA, de Juan Mayorga | Tradução Aderbal Freire-Filho

ATRA BÍLIS, de Laila Ripoll | Tradução Hugo Rodas

CACHORRO MORTO NA LAVANDERIA: OS FORTES, de Angélica Liddell | Tradução Beatriz Sayad

CLIFF (PRECIPÍCIO), de José Alberto Conejero | Tradução Fernando Yamamoto

DENTRO DA TERRA, de Paco Bezerra | Tradução Roberto Alvim

MÜNCHAUSEN, de Lucía Vilanova | Tradução Pedro Brício

NN12, de Gracia Morales | Tradução Gilberto Gawronski

O PRINCÍPIO DE ARQUIMEDES, de Josep Maria Miró i Coromina Tradução Luís Artur Nunes

OS CORPOS PERDIDOS, de José Manuel Mora | Tradução Cibele Forjaz

APRÈS MOI, LE DÉLUGE (DEPOIS DE MIM, O DILÚVIO), de Lluïsa Cunillé | Tradução Marcio Meirelles

COLEÇÃO DRAMATURGIA FRANCESA

É A VIDA, de Mohamed El Khatib | Tradução Gabriel F.

FIZ BEM?, de Pauline Sales | Tradução Pedro Kosovski

ONDE E QUANDO NÓS MORREMOS, de Riad Gahmi | Tradução Grupo Carmin

PULVERIZADOS, de Alexandra Badea | Tradução Marcio Abreu

EU CARREGUEI MEU PAI SOBRE MEUS OMBROS, de Fabrice Melquiot | Tradução Alexandre Dal Farra

HOMENS QUE CAEM, de Marion Aubert | Tradução Renato Forin Jr.

PUNHOS, de Pauline Peyrade | Tradução Grace Passô

QUEIMADURAS, de Hubert Colas | Tradução Jezebel De Carli

COLEÇÃO DRAMATURGIA HOLANDESA

EU NÃO VOU FAZER MEDEIA, de Magne van den Berg | Tradução Jonathan Andrade

RESSACA DE PALAVRAS, de Frank Siera | Tradução Cris Larin

PLANETA TUDO, de Esther Gerritsen | Tradução Ivam Cabral e Rodolfo García Vázquez

NO CANAL À ESQUERDA, de Alex van Warmerdam | Tradução Giovana Soar

A NAÇÃO - UMA PEÇA EM SEIS EPISÓDIOS, de Eric de Vroedt | Tradução Newton Moreno